JN086655

新しい保育講座 **4**

保育内容総論

渡邉英則・大豆生田啓友　編著

ミネルヴァ書房

「新しい保育講座」シリーズ刊行にあたって

　1989（平成元）年の幼稚園教育要領の改訂に合わせて刊行された「保育講座」シリーズは，何回かの改訂を行いながらも，約30年の月日が過ぎようとしています。このように長く続いた理由として，「保育講座」シリーズでは，発刊当初から，子どもや保育のことをほとんど知らない学生や一般の人にも，できるだけわかりやすく，しかも保育の本質がイメージできるような編集方針を貫いてきたからともいえます。それは，作家・井上ひさしの言葉にあるように「むずかしいことをやさしく，やさしいことをふかく，ふかいことをおもしろく，おもしろいことをまじめに，まじめなことをゆかいに，そしてゆかいなことはあくまでゆかいに」保育を語ろうということでもありました。

　この度，2017（平成29）年3月に幼稚園教育要領や保育所保育指針，幼保連携型認定こども園教育・保育要領が改訂（定）されたのを機に，この「保育講座」シリーズも新たに内容を見直すことになりました。改訂（定）そのものは，1989（平成元）年に大きく改訂された幼稚園教育要領の方向に沿ったもので，その原理，原則が大きく変わったわけではありません。

　ただ，この30年の間に，保育，教育，そして子育てを取り巻く環境や状況は大きく変わりました。少子化が進み，家庭・地域の教育力が低下していく中で，国際的な乳幼児期への関心の高まりもあって，日本でも新たに幼保連携型認定こども園制度ができ，幼児教育の無償化も進むなど，幼稚園，保育所，認定こども園といった施設の種類にかかわらず，乳幼児期の保育・教育の重要性は飛躍的に高まってきています。

　また小学校以上の学習指導要領も大きく改訂され，「アクティブ・ラーニング」という言葉に代表されるように，これまでの知識や技能を教える教育から，これからの時代を生きぬくことができる資質・能力を育成する教育へと大きく方向を変えようとしています。

　このような時代に，保育者を志す学生が乳幼児期の教育・保育の基本について，何をどのように学ぶかはとても重要です。やみくもに知識の量を増やしていくという学び方ではなく，問いをもって自ら課題に取り組み，保育や幼児教育の基本を常に問い直し，保育者になった時に，その実践の場で生かせるような力をいかに獲得していくか，その学びが，「新しい保育講座」シリーズを通して獲得していけると信じています。このシリーズの本を手にしたすべての学生が，子どもたちのための保育を実現できる保育者になってくれることを切に願っています。

2018年3月

子どもと保育
総合研究所代表　森上史朗　　ゆうゆうのもり　　渡邉英則
　　　　　　　　　　　　　　　幼 保 園 園 長

は じ め に

　保育内容とはどのようなものなのでしょうか。子どもたちは毎日園に通ってきます。子どもにとって，園は生活の場なのです。そこでどんなことをするのか，またはしたいのか？　保育者は子どもたちにどんな経験をさせたいのか？　そのような日々の生活がすべて保育内容といってもいいでしょう。また，保育者であるならば，園で子どもたちが楽しく過ごしてほしい，こんな経験もしてほしいなど，さまざまな思いやねがいがあると思います。年齢によっても，また，四季折々によっても，子どもが生活する姿を思い浮かべれば，いろいろな保育内容があることをわかってもらえるのではないでしょうか。

　さらに，乳幼児期の施設には，保育所や幼稚園，そして認定こども園等があります。施設の違いによっても，子どもの生活の仕方は大きく異なります。園によって保育方針も異なっています。都会にある園もあれば，農村部にある園もあるなど，さまざまな地域の特色を生かした保育もあります。そう考えると，それぞれの園で，またはそれぞれの保育者が，保育内容をどう考えるかによって，子どもの生活が大きく変わってしまうことになります。

　幼児期の教育や保育では，小学校のように，全国で統一された教科書があって，どこの学校でも同じような学習内容を教えるといったようなことは求められていません。では，幼児期の保育内容はどのように考えればいいのでしょうか。この本は，そのような疑問をみなさんと一緒に考えるために作られました。

　幼児教育・保育では，個々の子どもに合わせて，またクラスや園の状況に合わせて，保育内容を考えるという保育の基本的な考え方があります。たとえば，「自然と触れる」という保育内容を考えた場合，園の周囲に豊かに自然が残っている園もあるでしょうが，都会の園では園庭が狭く，プランターなどで栽培をしなければ，自然と触れることができない園もあります。そのような環境でありながらも，どのように自然と触れるかを考えるのが保育内容なのです。

　さらに，今回の幼稚園教育要領，幼保連携型認定こども園教育・保育要領の改訂や，保育所保育指針の改定では，アクティブ・ラーニング（要領では「主体的・対話的で深い学び」という言葉で示されています）という，子どもの主体性や子ども同士の話し合いなどを生かすような保育方法が求められました。

　これまでも，保育内容と保育方法には密接な関係がありましたが，これからの保育では，これまで以上に，個々の子どもに応じた多様さや柔軟さが求められるようにな

りました。人が育つためには，また学ぶためには，どんなことが大事かということを，乳児や幼児の具体的な姿や言葉などを通して，保育者が子どもと共に考えていくことが保育内容なのです。この考え方は，今回の学習指導要領の改訂を通して，小学校以上の教育にも受け継がれていきます。

　本書では，保育所や幼稚園，認定こども園で遊びや生活を通して成長していく子どもたちの生き生きとした姿をたくさん収録しています。そうした事例を読みながら，保育内容や保育方法が園生活においては，どのような仕組みで子どもたちの発達を支えているのかを学んでいただければ幸いです。

2020年2月

編著者を代表して　渡邉英則

も　く　じ

第4章　指導計画の作成の理解

第5章　遊びや生活を通して学ぶということ

第9章　個と集団の育ちを支える保育

第10章　家庭や地域との連携をふまえた保育

第11章　小学校への接続をふまえた保育

第12章　保育の多様な展開

第13章　保育内容の歴史的変遷と社会的背景

各章扉写真提供：かえで幼稚園・港北幼稚園・多摩川保育園

東一の江幼稚園・ゆうゆうのもり幼保園

第1章
ワークで学ぶ保育内容はじめの一歩

女の子がうれしそうに泥団子を見せてくれています。まん丸のきれいな泥団子ができて，よほどうれしかったのでしょう。カメラに向かってこの泥団子を写真に撮ってほしいと手を差し伸べてきました。このように，夢中で泥団子をつくることも保育内容だと言われたら，あなたはどのように感じますか？　肯定的な意見や否定的な意見なども交えて，保育内容について話し合ってみましょう。

泥団子づくりが保育内容かどうかを考える際に，一般的な答えであれば，幼稚園教育要領や保育所保育指針等に「遊びを基本とする」と書いてあるからという理由になることが多いと思います。でも，ここでみなさんに考えてもらいたいのは，「なぜ幼児期の教育や保育では，遊びを大事にしているか」なのです。写真の泥団子に再度注目して，この子にとって，この泥団子づくりにはどんな意味があったかを考えてみてください。

　小さいときに丸くきれいな泥団子をつくった経験がある人ならばわかると思いますが，泥団子は，人から教えられても，そう簡単にはつくれるものではありません。土探しから始まり，土と水との関係，団子の大きさ，乾いた泥で磨く磨き方など，何度も何度も失敗してはつくり直すような経験があって，徐々に自分のお気に入りの泥団子がつくれるようになってきます。その世界は，どこかプロの陶芸家に通じるものがあります。

　この章では，「保育内容とは何か」の基本的なことを学びますが，小学校以上の学習指導要領と決定的に違うのが，幼児期の教育では，保育者が教えるべき内容を事前に決めているのではなく，あくまでも子どもの興味や関心にもとづいて，教育・保育を行うという点にあります。「子どもが夢中になって取り組む」，「何度も挑戦するなかでできるようになったことを喜ぶ」といったような豊かな経験を可能する教育・保育のあり方を，ぜひ学んでみてください。

　保育内容って何でしょう？

　保育内容とは，幼稚園や保育所などの園生活を通して子どもに経験させたい内容あるいは育てたい内容のことです。みなさんは乳幼児期の子どもたちにどんな経験をさせたらよいと思いますか？　思いきり自由にどろんこになって遊ばせたい？　文字や英語などを早くから経験させたい？　音楽や造形などの表現活動を経験させたい？　山や川などに連れ出して自然に触れる経験をさせたい？　その考え方は人や園によってずいぶん違うかもしれません。

　みなさんはどんな経験が大切だと思いますか？　「保育内容総論」は子どもにどのような経験が大切かを考える科目です。そして，園生活を通して子どもがどのように大切な経験をしているかを学ぶ科目でもあります。しかも，幼稚園や保育所では小学校以上の教科のように国語，理科，体育，道徳などバラバラに経験するのではなく，遊びや生活のなかで総合的に経験するところに特徴があります。だから，「総論」として「総合的」に学ぶ必要があるのです。ここでは，Work を通して，保育内容のはじめの一歩を学びましょう。

1 園生活をイメージし，幼稚園・保育所・認定こども園を知ろう

　まず，ここでは幼稚園や保育所，認定こども園がどのような場所かについて学びましょう。そこで，その第一歩として，みなさんが幼稚園や保育所，認定こども園に対してどのようなイメージをもっているかについて探ってみましょう。

❶ 自分の園生活イメージを書き出してみよう！

Work 1 ✎

　思い浮かぶ幼稚園や保育所，認定こども園での遊びや生活，活動などを書き出してみましょう。

(1)　幼稚園や保育所，認定こども園ではどのような遊びや活動，経験などをしているでしょうか？　これまでボランティアなどで関わった経験や，実習，自分の幼児期の経験などを思い出し，思い浮かぶものをなるべくたくさん箇条書きで書き出してみましょう。思い浮かぶ幼稚園や保育所，認定こども

園のイメージを絵で描いてみてもいいでしょう。行事，外遊び，室内遊び，保育者との関わり，友達との遊び，衣食住の生活など，いろいろな種類をあげてみてください。

(2) 書き終わったら，グループなどでその結果を見せ合ってみましょう。そして，印象的な活動や経験について，具体的なエピソードを出し合ってみましょう。

(3) それぞれが書き出した遊びや活動や経験などをすべてあげ，グループごとに共通すると思う内容について仲間分けをしてみましょう。そして，集めた仲間に共通する名前をつけてみましょう。たとえば，「先生との関わり」「自然との関わり」「行事」「ごっこ遊び」などです。それをグループごとに発表しましょう。

　　どのような園生活のイメージがあげられたでしょうか？　みなさんが書き出した遊びや活動には，そのあげられた数や内容もずいぶん個人差があったのではないでしょうか。これまでの経験が一人一人違うのですから，その数や内容が違っていて当然です。大切なのはみんなで出し合った内容です。「運動会や発表会のこと」「友達と遊んだこと」「みんなで料理をつくったこと」「動物や生き物の世話をしたこと」など，いろいろとあげられることでしょう。以下は，ある保育者養成校の１年生があげた特に印象に残っている園生活のエピソードの一部を抜粋したものです。

・登園してすぐに仲良しのサキちゃんと１時間くらい三輪車で遊ぶのが日課で毎日楽しみにしていた。担任の先生が大好きで，お弁当のときに一緒に座るのが楽しみだった。

・お店屋さんごっこで，お店から売り物まで自分たちが全部手づくりでつくったことがとても楽しかった。

・年長のときのお泊まり保育で，先生たちのお化け屋敷があり，あまりに楽しすぎてゴールせずに逆走して，先生を困らせた。

・幼稚園で飼っていたやぎの赤ちゃんをとてもかわいがっていたが，死んでしまい悲しかった。

・工作が得意だったので，作品展で自分がつくった作品が飾られてみんなからほめられたのがうれしかった。

・自分たちで栽培したナスを園庭から採って，ホットプレートで焼いて醤油をかけて食べたのがとてもおいしかった。

・お昼寝の時間に眠れずに友達とふざけていたら，別の部屋に連れていかれ，先生に怒られた。

・虫博士と呼ばれ，毎日虫をとって部屋で飼っていたのが楽しかった。

図1-1　幼稚園や保育所での園生活のイメージ（保育者養成校の学生が描いたもの）

　また，図1-1は実際に保育者養成校の学生に幼稚園や保育所のイメージを絵で描いてもらったものです。この絵とみなさんのイメージは共通しているでしょうか？　それともずいぶん違うものでしょうか？　この絵を通して，議論してみましょう。

❷ 幼稚園・保育所・認定こども園に関わる制度

　園生活のイメージを話し合うなかで，幼稚園と保育所，認定こども園で少し生活が異なっていることに気づかれたのではないでしょうか。表1-1を見てください。幼稚園と保育所，認定こども園には制度的な違いがあります。幼稚園が学校教育法に位置づけられた「学校」であるのに対して，保育所は児童福祉法に位置づけられた「児童福祉施設」です。さらに，認定こども園は，認定こども園法と児童福祉に位置づけられている「学校」でもあり「児童福祉施設」でもあります。そして，施設によりその目的も異なります。

　こうした制度的な違いがあるため，対象年齢も保育時間も異なります。そのため，幼稚園と比較して保育所や認定こども園の場合，お昼寝（午睡）があったり，給食やおやつがあったりする（幼稚園でもある場合もあります）などの違いがあるのです。また，幼稚園では3歳から入園できるのに対して，保育所や認定こども園では0歳から入園できますので，3歳未満児も集団生活をしているのです。そうであれば，園生活の具体的な内容にも違いが生まれてきます。

　現在では，保育所も幼稚園と同じ教育機能が位置づけられ，幼稚園でも長時間保育や低年齢保育が行われるなど，その違いは小さくなっています。

▶1　正式には，「就学前の子どもに関する教育，保育等の総合的な提供の推進に関する法律」という名称で，「認定こども園法」は通称です。

▶2　幼稚園は学校教育法第22条，保育所は児童福祉法第39条，認定こども園は認定こども園法第2条第7項および児童福祉法第39条の2に，それぞれ目的が示されています。

表1-1 保育所・幼稚園・認定こども園の違い

	保育所	幼稚園	幼保連携型認定こども園
所管省庁	厚生労働省	文部科学省	内閣府・文部科学省・厚生労働省
根拠法令	児童福祉法	学校教育法	就学前の子どもに関する教育，保育等の総合的な提供の推進に関する法律 児童福祉法
目　的	保育を必要とする乳児・幼児を日々保護者の下から通わせて保育を行うことを目的とした施設（利用定員20人以上）。	幼児を保育し，適当な環境を与えて，その心身の発達を助長することを目的とした施設。	3歳以上の幼児に対する学校教育と，保育を必要とする乳幼児への保育を一体的に行い，適当な環境を与えて，その心身の発達を助長することを目的とした施設。
機能・役割	保育所は，保護者の就労等により保育を必要とする乳幼児を保育する児童福祉施設。ただし，3〜5歳児に対しては幼稚園教育に準ずる教育が行われている。	幼稚園は，満3歳から小学校就学の始期に達するまでの幼児を対象に教育を行う学校。	幼稚園と保育所の機能と地域子育て支援機能を一体的に行う施設。学校であり児童福祉施設でもある。
教育・保育内容	保育所保育指針	幼稚園教育要領	幼保連携型認定こども園教育・保育要領
1日の教育・保育時間	8時間を原則とし，保育所長が定める。	4時間を標準として各園で定める。	保育を必要とする子どもに対する保育時間は8時間を原則。
教諭・保育士の資格	保育士資格証明書	幼稚園教諭普通免許状 専修（大学院（修士）修了） 1種（大学卒） 2種（短大卒など）	保育教諭（幼稚園教諭免許状と保育士資格を併有することを原則。令和6年度末までの経過措置あり。併有促進のための特例措置あり）
職員配置基準	児童福祉施設の設備及び運営に関する基準 乳児：3人に保育士1人 1〜2歳児：6人に保育士1人 3歳児：20人に保育士1人 4歳児以上：30人に保育士1人	幼稚園設置基準 1学級の幼児数は原則35人以下 1学級に教員1人	幼保連携型認定こども園の学級の編制，職員，設備及び運営に関する基準 乳児：3人に保育教諭1人 1〜2歳児：6人に保育教諭1人 3歳児：20人に保育教諭1人 4歳児以上：30人に保育教諭1人

➡️出所：大豆生田啓友・三谷大紀（編）『最新保育資料集2020』ミネルヴァ書房，2020年より一部引用。

2 子どもになって保育内容を理解しよう

　幼稚園と保育所，認定こども園という場所について学んだところで，次に実際の保育内容について理解していきましょう。その第一歩として，乳幼児期の子どもが大好きそうな遊びをみんなでしてみ

ましょう。ここでは子どもになりきって遊ぶことで，子どもの立場に立つ経験をすることを目的とします。子どもが遊びを通して何を経験しているのかを体験的に学びましょう。

❶ 子どもになりきって遊んでみよう！

Work 2 ✎

(1)　子どもが好きな遊びを次から選んでみんなでしてみましょう。
　①外に出て，みんなが知っている鬼ごっこをして遊ぼう。
　②グループで，知っている折り紙がいくつあるか教え合って，つくってみよう。
　③外に出て，光る泥だんごづくりに挑戦してみよう。
　④小麦粉粘土をつくって遊ぼう。
(2)　遊んだ後，子どもはこの遊びを通して何を経験しているか書き出し，話し合ってみましょう。

① 鬼ごっこ

　みなさんはどんな鬼ごっこを知っていますか？　しっぽとり，ドロケイ（ケードロ），ドンジャンケン，手つなぎ鬼，色鬼……などなど，たくさんあげてみて，みんなでやってみましょう。動きやすい服装と運動靴で行いましょう。くれぐれもケガをしないように気をつけてください。

② 折り紙

　まずは自分たちが知っている折り紙を友達と出し合い，教え合い，何種類折れるかグループごとに挑戦してみましょう。飛行機（何種類知っているかな？），シュリケン，やっこさん，さいふ，動物（いくつ折れるかな？）など，まずは基本的なものを折ってみてください。個人差も大きいので，グループ内で教え合って進めましょう。

③ 光る泥だんご[3]

　適当な泥が得られる場所があれば，みんなで光る泥だんごづくりに挑戦してみましょう。光る泥だんごをつくるには，まずしっかりとした泥の土台が必要です。水の量を考え，しっかりと握り，適当な硬さのだんご状のものをつくりましょう。その後，白砂を繰り返

[3]　幼児期の子どもはだんごづくりが大好き。でも，みんなが光らせたいわけではありません。ただ，こねているだけの子，食べるおだんごのイメージを楽しんでいる子などさまざま。子どもに関わる場合は，その子がどんなふうにだんごづくりを楽しんでいるかを見極めることが大切です。

　参考文献：加用文男（監修）『光れ！　泥だんご』講談社，2001年。

<u>写真1-1</u>　学生がつくった光る泥だんご

しかけていきます。表面が乾燥してきたら，白砂をかけつつ，指の腹や手のひらで優しくなでていきましょう。うまくいったら，次第にやや強めになでていき，表面をコーティングしていきます。白砂をかけはじめたら，途中ではだんごを強く握らないことがコツです。時間をかけてこすっていると，次第に自分のだんごが「愛おしく」思えてきますよ。ただ，光らせるのは思っている以上に難しいかもしれません。

④ 小麦粉粘土

　グループ（6人程度）ごとに1つのたらいに小麦粉1袋（1キログラム）を入れます。そのなかに食紅（赤・黄・緑・青色などがあります）を1本入れ，よくかきまぜます。かきまぜたところで，水を適量注ぎ込みます（入れすぎに注意）。すると，一気に食紅の色が発色し，とてもきれいな色が広がります。少しずつ水をつぎ足し，小麦粉を粘土状（耳たぶくらいのやわらかさ）にこねていきます（オリーブオイルなどを少量足すと，しっとりした感じになります）。できあがったら，グループ同士で色を交換し合って，複数の色でグループごとに共同作品をつくってみましょう。

❷ 遊びを通しての経験

　子どもになって遊んでみて，何を感じたでしょうか？　まず，「楽しい！」と感じましたか，それとも「あまり楽しくない」と感じましたか？　「楽しい」と感じた人は何が楽しかったのでしょうか。また，「あまり楽しくない」と感じた人は，なぜ楽しくなかっ

たのでしょうか。「楽しかった」人は，自分の興味のある遊びであったことや，自分が思った通りうまくできたこと，あるいは仲間と協力してやれたことがそう感じさせたのかもしれません。「あまり楽しくなかった」と感じた人は，その逆かもしれません。

　子どもが遊びや活動のなかで感じていることもそれと同じなのかもしれないのです。たとえば，泥だんごをつくっていても，自分のイメージどおりにつくれたり，友達と泥だんごづくりを通して楽しく一緒に過ごせたりすると楽しいと感じたりするでしょう。また逆に，ほかの友達みたいにつくりたいと思ってもうまくいかなかったり，友達から「真似しないで」なんて言われたらきっと楽しくないですよね。みなさんに子どもになって遊ぶ経験をしてもらったのは，子どもが遊びのなかで経験していることを実感してほしかったからです。

　さて，それでは，子どもはこのような遊びを通して何を経験しているのでしょうか。思いつく限り，箇条書きであげてみましょう。

　たとえば，「鬼ごっこ」の場合，次のようなことがあげられます。

【鬼ごっこの場合】
- おもいきり走るなど，体を動かす経験
- ルールを守って遊びを楽しむ経験
- 自分たちのチームが勝つために，仲間で協力して作戦を考える経験
- 負けて悔しい経験，勝って喜ぶ経験
- 春の風や木々の緑を心地よく感じる経験

　このように，遊びや活動を通して，子どもは多様な経験をしているのです。保育や教育というと，大人が何かを子どもに教えることで「経験させる」「学ばせる」と考える方もいるかもしれません。もちろん，「教える」「伝える」といったこともありますが，基本は子ども自身が自分から（主体的に）何かを楽しんでやるなかで，無理なく自然に「経験する」「学ぶ」ということが大切です。だから，乳幼児期の子どもたちにとって「遊び」や「主体的な活動」が重要なのです。

　学生のみなさんだって，いやいや「させられる」よりも，自分が「やりたい」と思ってやる（自分がそれをする必然性がある）活動のほうが楽しいし，自ら主体的に工夫したり，調べたり，仲間と協力し

たり，挑戦したりしますよね。だから，保育者は子どもがワクワクしながら「やってみたい」と思う遊びや活動が生まれるように「仕掛け」をすることが大切なのです。

ここで取り上げた「鬼ごっこ」「折り紙」「泥だんご」「小麦粉粘土」などは，幼児期の子どもたちが好きな遊びや活動です。もちろん，これはほんの一部で，子どもの大好きな遊びや活動はあふれるほどたくさんあります。保育者を志すみなさんは，子どもがワクワク心を動かして楽しめるような遊びなどをたくさん学んでください。子どもが興味をもつ遊びや活動の内容は子どもの発達や年齢，季節，その時期に興味をもっている事柄によっても異なります。みなさんが楽しいからといって，目の前の子どもたちにとっても楽しいとは限らないのです。子どもたちがいまどんなことに興味・関心があるのかを見る目も育てていきましょう。

乳幼児期の保育は，子どもの主体的な活動としての遊びや生活を通して行われるという視点は，「幼稚園教育要領」及び「保育所保育指針」においても強調されている点です。[4]

➡ 4 「幼稚園教育要領」第1章「総則」第1「幼稚園教育の基本」には，「2 幼児の自発的な活動としての遊びは，心身の調和のとれた発達の基礎を培う重要な学習であることを考慮して，遊びを通しての指導を中心として……」とあります。「保育所保育指針」第1章「総則」1「保育所保育に関する基本原則」の(3)「保育の方法」の「オ」には，「特に，乳幼児期にふさわしい体験が得られるように，生活や遊びを通して総合的に保育すること」とあります。

3　実際の子どもの姿から学んでみよう

➡ 5　エピソード記録
　短い時間の場合，客観的な観察をすすめていますが，実習など十分な時間があれば，子どものなかに入って自分が感じた主観を入れて記録する方法がとても重要です。そうした記録をエピソード記録と呼びます。

さあ，今度は実際の子どもの姿を通して，子どもがどのような経験をしているかを読み取ってみましょう。遊びや生活のなかで，子どもはどのような経験をしているのでしょうか？　そして，ここでは保育を通して子どもが経験する内容を見る枠組みとなる「領域」についても学びましょう。

❶ 子どものエピソードから学ぼう！

Work 3 🖊

子どもの具体的なエピソードを記録し[5]，その子どもの思いや興味・関心，そこで経験している内容について探ってみましょう。一人の子どもに焦点を定め，その子はなぜそうしているのか，何がおもしろいのか，何に興味をもっているのか，どんな思いなのかという視点をもって見るのが，成功のポイント

です。

(1)子どもウォッチングをしてみよう。

　子育て支援センターの子ども，幼稚園・保育所・認定こども園の子どもなどを観察させてもらい，その姿（エピソード）を記録し，その思いや経験している内容を書き出してみましょう。すでに実習を行っている場合は，その記録でもOKです（短い時間の観察の場合，自分の存在をできるだけ目立たなくして，一人の子どもに注目して観察します）。

(2)幼稚園や保育所，認定こども園のビデオ映像を見てみよう。

　子どもの映像を見て，ある一人の子どもの印象的な場面（エピソード）を記録し，その子どもの思いや経験している内容を書き出してみましょう。

　　さて，みなさんはどのような記録がとれたでしょうか？　ここでは，幼稚園の園庭で泥だんごづくりをしている子どもの姿を観察した学生の記録を取り上げてみましょう。

Episode 1 🪖　泥だんごにひびが入っちゃった

　4歳児のA児はだんご工場と呼ばれる園庭の砂場の裏側で，泥だんごをつくっていました。A児はいつも上手におだんごをつくるB児やC児のようにつくりたいと思っているようです。そのため，何度もB児やC児のほうをちらちら見ながら，砂をかけて指でこするなど，やり方をまねてつくっています。B児が水を足すと，自分も水を足します。自分のそばでずっとつくっているA児を見て，B児は「うまいじゃん」と声をかけます。すると，A児はうれしそうににっこり笑いました。しばらくうまくいっていたのですが，30分くらい経つとA児のだんごにはひびが入って，割れてしまいました。C児から「ざんねーん」とちょっと馬鹿にされたように言われると，涙が出てきてしまい，近くにいた先生のところに走っていき，しばらく先生に抱っこされていました。そして，自分が頑張ってだんごをつくったけどうまくできず，馬鹿にされていやだった気持ちを先生に話し，気持ちが落ち着くと，また新しい泥だんごをつくり始めました。

　　これは，保育者を志す学生の幼稚園実習での記録を抜粋したものです。子どもの遊びのなかではよくあるような場面です。さて，ここでA児が経験したことにはどのようなことがあげられるでしょうか？

　　実際に授業のなかで，学生たちに箇条書きで書いてもらうと，次のような内容などがあげられていました。

・自分があこがれる友達のまねをして，だんごをつくろうとする経験
・じっくり集中して一つのことに打ち込む経験

・砂や土，水などの自然素材に触れる経験

・友達に自分が認められる経験

・自分の思ったとおりにうまくできない挫折経験

・先生に自分の悲しい気持ちを受け止めてもらった経験

・自分の悲しい気持ちを先生に話す経験

・気持ちを取り直して，もう一度挑戦する経験

　ほかにもあげられることがあるかもしれませんが，小さなエピソードからかなりたくさんのことがあげられたと思います。このように，子どもが遊びや活動に打ち込むなかでは，実に多様な経験がなされているのです（Work 2で泥だんごづくりをした方は，A児の気持ちや経験したことが実感的に理解できたのではないでしょうか）。

　さて，みなさんの記録はいかがでしたか？　最初は難しいかもしれませんが，実習などを通して子どもの記録をとるなかで，だんだん子どもがしていることの意味や経験の内容が読み取れるようになっていくと思います。プロの保育者は，このように遊びや活動のなかで，子どもがどのような経験をしているかということや，子どもの思い，興味・関心，課題となっていることなどを読み取って，関わっているのです。

❷「領域」って何だろう

　泥だんごのエピソードからもわかるように，子どもは何気ない遊びや活動を通して，さまざまな経験をしているのです。また，保育者は子どもが豊かな経験ができるよう，子どもの姿を読み取ったり，時期にふさわしい計画を立てるなどして，ふさわしい環境を構成したり，活動を提供したりしています。幼稚園や保育所，認定こども園では，子どもがただ勝手気ままに遊んでいるわけではないのです。この泥だんごの例から考えれば，前日に泥だんごがうまくつくれた子どものことを保育者がクラスで魅力的に紹介していたりする工夫がありました。だから，A児は自分もB児やC児みたいにつくりたいという思いをもって，この日，だんごをつくっていたのです。それは，保育者が4歳のこの時期の子どもたちに，外に出て土や水に触れて，一つの遊びにじっくり取り組むことを経験してほしいという願い（ねらい）によりました。

表1-2 保育内容「5領域」

・健　　康
　健康な心と体を育て，自ら健康で安全な生活をつくり出す力を養う。
・人間関係
　他の人々と親しみ，支え合って生活するために，自立心を育て，人と関わる力を養う。
・環　　境
　周囲の様々な環境に好奇心や探究心をもって関わり，それらを生活に取り入れていこうとする力を養う。
・言　　葉
　経験したことや考えたことなどを自分なりの言葉で表現し，相手の話す言葉を聞こうとする意欲や態度を育て，言葉に対する感覚や言葉で表現する力を養う。
・表　　現
　感じたことや考えたことを自分なりに表現することを通して，豊かな感性や表現する力を養い，創造性を豊かにする。

出所：文部科学省「幼稚園教育要領」2017年より抜粋。

表1-3 乳児保育における3つの視点

・健やかに伸び伸びと育つ
　健康な心と体を育て，自ら健康で安全な生活をつくり出す力の基盤を培う。
・身近な人と気持ちが通じ合う
　受容的・応答的な関わりの下で，何かを伝えようとする意欲や身近な大人との信頼関係を育て，人と関わる力の基盤を培う。
・身近なものと関わり感性が育つ
　身近な環境に興味や好奇心をもって関わり，感じたことや考えたことを表現する力の基盤を培う。

出所：厚生労働省「保育所保育指針」2017年より抜粋。

▶6　幼稚園教育要領，保育所保育指針，幼保連携型認定こども園教育・保育要領において，3歳以上の保育内容のねらいと内容は，一部の文言の除き（「先生」「保育士」「保育教諭」など），基本的に同じ表記となっています。

▶7　保育の内容は主に「教育」に関わる側面からの視点を示しているのですが，保育所保育指針では，実際の保育の場面では，養護と教育は一体となって展開されることに留意することが求められています。なお，幼保連携型認定こども園教育・保育要領においては，養護に関わるねらいと内容というかたちでは示されていませんが，生命の保持と情緒の安定について保育所保育指針と同様の内容が示されています。

　小学校以上の一斉形態を中心とした教育方法とは，ずいぶん違いますね。また，幼稚園や保育所，認定こども園では，小学校の「教科」とは異なりますが，経験させたい内容を理解する窓口として，「領域」があります。「領域」は，「健康」「人間関係」「環境」「言葉」「表現」の5つの窓口で構成されているのです（表1-2）。そのため，これらは「5領域」と呼ばれ，保育内容はねらいと内容で構成されています。なお，0歳の乳児保育に関しては，「健やかに伸び伸びと育つ」「身近な人と気持ちが通じ合う」「身近なものと関わり感性が育つ」という3つの視点を示し（表1-3），それぞれにねらいと内容が示されています。また保育所保育指針では，「養護」に関わるねらいと内容として，「生命の保持」「情緒の安定」もあげられています。

　このような「領域」が小学校以上の「教科」と異なる特徴として，「領域」別に活動や時間があるのではなく，子どもの主体的な遊び（活動）や生活を通して，総合的にあるいは相互関連的に経験させ

13

るところにあります。だから，泥だんごの遊びでも，そこにはこの5領域に関わる経験内容が総合的に織り込まれているのです。

たとえば，「様々な活動に親しみ，楽しんで取り組む」（泥だんごの活動に親しむ）は「健康」。「先生や友達と共に過ごすことの喜びを味わう」（泥だんごづくりを通して，友達や先生と共に過ごすことを楽しむ）は「人間関係」。「自然に触れて生活し，その大きさ，美しさ，不思議さなどに気付く」（土，砂，水に親しむ）は「環境」。「したり，見たり，聞いたり，感じたり，考えたりなどしたことを自分なりに言葉で表現する」（悲しかったことを保育者に自分なりに話す）は「言葉」。「いろいろな素材に親しみ，工夫して遊ぶ」（真似ながら，つくり方を工夫する）は「表現」。つまり，泥だんごづくりのこの遊びのなかでは，5領域の内容を総合的に経験しているのです。

もちろん，すべての遊びや活動がすべて5つの領域に関連しているとは限りません。また，体を動かす活動では「健康」の領域の側面が強いでしょうし，音楽的な活動などでは「表現」の領域の側面が強くなるでしょう。ただし，小学校以上の教科のように「鬼ごっこ」＝「体育」，「歌」＝「音楽」とはならないのです。鬼ごっこでも，そこには友達同士の関わり（人間関係）があったり，ルールについて自分の言葉で話し合う（言葉）などの領域が入ってくるのは当然のことで，そのことを大切な経験として総合的，あるいは相互関連的に捉え，子どもに必要な援助をしていくのです。

みなさんがとった記録をもう一度見直し，どのように5つの領域が位置づいているかを見てみましょう。5つの領域に関わる経験がもっとなかったかどうか書き足してみてもいいかもしれませんね。

Book Guide

・文部科学省「幼稚園教育要領」2017年。
・厚生労働省「保育所保育指針」2017年。
・内閣府・文部科学省・厚生労働省「幼保連携型認定こども園教育・保育要領」2017年。
これらは国が示している告示文書であり，幼児教育・保育のガイドラインです。これを知らずして，保育の勉強をしたとは言えません。保育内容についても丁寧に記されています。それぞれ解説も出されていますので，それらも読むとなおよく理解できます。

Exercise

1. 子どもウォッチングをしてみましょう。知り合いの子どもや親戚の子ども，あるいは幼稚園や保育所，認定こども園，子育て支援センターなどで許可がもらえるのであれば，そうした場所で子どもが遊んでいる様子をウォッチングしてみましょう。一人の子どもに特に注目するとよいかもしれません。30分程度観察して，特に印象に残ったエピソードをなるべく具体的に細かく書いてみましょう。そして，そのエピソードから，考察を行ってみましょう。考察とは，その子どもがそうしていたことの意味は何か，どんな思いだったのか，何に興味をもっていたのか，何を経験していたのかを読み取ることです。

2. 子ども時代に自分が好きだった遊びを，グループ内であげてみましょう。そして，その遊びのおもしろさや，経験していた（学んでいた）内容はどのようなものであったかを書き出してみましょう。

第 **2** 章

「幼稚園教育要領」等における保育内容の捉え方

　子どもたちが塗り絵をしています。特に手前の女の子は，大きなセミが描かれた紙を選んで自由に色をつけています。幼稚園教育要領や保育所保育指針等では，保育内容として塗り絵そのものを取り上げてはいませんが，この写真をよく見てみると，保育内容として，セミの塗り絵を環境として用意した理由が見えてきます。この写真のどんなところに，その理由が隠されていると思いますか？

幼稚園教育要領や保育所保育指針等で，保育内容をどう捉えているかは，この章に書かれていますので，じっくり読んでほしいと思います。ここでは，乳幼児期の教育・保育では，少なくとも，子どもが興味や関心を示したことが保育内容になっていくことをわかってほしいと思います。

　そのうえで，写真をよく見てみると，保育室には少なくとも4つの虫かごが子どもの目線で見えるように置いてあります。何を飼っているか，詳細は不明ですが，おそらくカブト虫など何らかの幼虫や生き物が保育室で飼育されています。奥の壁にも，見えるのは少しの写真ですが，活動の様子が展示されています。

　このような環境構成から考えると，保育者がどの程度意図しているかどうかはわからないのですが，子どもたちに身近な自然に触れてほしいと思っていることは確かです。

　セミの塗り絵がその活動の流れに沿ったものであり，羽の美しさなどを子どもなりに感じているとすれば，塗り絵を通して，セミへの興味が広がるかもしれません。

　子どもたちが興味や関心を示したことに，どう保育者が気づき，そのことを受け止め，環境構成も含め，子どもたちにどのように関わっていくかで，保育内容は大きく変わっていきます。あくまでも子どもの姿や声を大事にしようとするところに，幼稚園教育要領や保育所保育指針等における保育内容の特徴があるのです。

保育内容の捉え直し

　2018年 4 月より「幼稚園教育要領」「保育所保育指針」「幼保連携型認定こども園教育・保育要領」（以下，これら 3 つをまとめて示すときは「幼稚園教育要領」等と表記する）が改訂（定）されたことで，幼稚園，保育所，幼保連携型認定こども園といった施設の違いはあるものの，そこで行われる保育・幼児教育について一層の整合性が求められるようになりました。

　今回の改訂（定）以前は，幼稚園と保育所が別々の施設として，お互いに共通の部分はありながらも，それぞれ独自に幼児期の教育・保育を行っていたことが，整合性を図るなかで，施設の区別なく，日本で育つ子どもであるならば，どの施設であっても共通の保育・幼児教育を受けられるようになったことは，とても大きな意義をもつことになりました。

　特に今回の改訂（定）によって大きく変わったのは，「保育所保育指針」の乳児（ 0 歳児）， 1 ～ 2 歳児の保育内容の示し方です。そのことについては，本章の後半で触れたいと思います。 3 歳以上児については，保育内容そのものに大きな変更点はないものの，小学校以上の学校教育が大きく変わろうとする改訂の動きもあって，幼児教育の位置づけが大きく変わりました。まずは何がどう変わったのかについて見ていきたいと思います。

❶ 今回の改訂の基本的な考え方

　今回の「幼稚園教育要領」等の改訂（定）に先立ち，2016年に文部科学省に設置されている中央教育審議会では，幼稚園から高校，大学教育までをも見通して，「幼稚園，小学校，中学校，高等学校及び特別支援学校の学習指導要領等の改善及び必要な方策等について（答申）」という文書を出しました。この答申において，これからの時代を生き抜く子どもを育成するために必要な「資質・能力」とはどんな力で，その力を各幼稚園や小学校，中学校といった時期に合わせて，どう育てていけばいいか，そのためには何が必要か

➡1　文部科学省「幼稚園教育要領解説」2018年，p. 2。

（学習指導要領等の理念を実現するために必要な方策）を明らかにすることが求められていました。

　そしてこの答申をふまえ，以下に示す改訂の基本的な考え方にも[1]とづき，2017年に「幼稚園教育要領」も改訂されました（2018年4月から施行）。

　ア　子供たちが未来社会を切り拓くための資質・能力の一層確実な育成と，子供たちに求められる資質・能力とは何かを社会と共有し，連携する「社会に開かれた教育課程」の重視

　イ　知識の理解の質を更に高めた確かな学力の育成

　ウ　道徳教育の充実や体験活動の重視，体育・健康に関する指導の充実による豊かな心や健やかな体の育成

Work 1

　ここまで，国の文書にもとづいて説明しきたこともあり，難しい言葉が並びましたが，このことを理解するために，保育者を目指すみなさん自身のこととして，「これからの時代を生きる子どもたちが未来社会を切り開くためにどんな力が必要か」について話し合ってみてください。

　また，そのためにはどのような保育・教育が必要でしょうか。

　長年，「教育」の世界では，どこかに「正解」があって，できるだけ早く，またできるだけ多く「正解」を出せるように子どもを指導することが，「教育」だとされてきました。

　「文字が書ける」「足し算ができる」などを思い浮かべてもらうとわかりやすいのですが，どこかに「正解」があって，その「正解」を出せるようにするということが「教育」とするならば，教えるべき教育内容，保育内容はあらかじめ明確なので，そのことをいかに効率よく身につけさせるかが教師や保育者の役割になります。

　ところが，コンピューターなどの進歩もあって，計算も漢字も携帯やパソコンを使えば簡単に調べることができます。車の運転も自動化される時代のなかで，子どもたちが決まり切ったやり方だけを身につけたとしても，未来を切り開いていくような力は育たないのではないかというのが，中央教育審議会での議論だったのです。

　このような問いをもって，これからの教育や保育の在り方を考え

てみると，教育内容や保育内容の考え方も変える必要が出てきます。教師や保育者が「何を教えるか」ではなく，子どもが「何をどのように学ぶか」という学び方こそが重要になってきたのです。そこで求められたのは，各学校種において，その年代の子どもたちの資質・能力をどのように育むかということだったのです。

❷「育みたい資質・能力」

中央教育審議会が出した改訂の方向性をふまえて，「幼稚園教育要領」等では，幼児期において「育みたい資質・能力」を以下のように示しています。

> ・豊かな体験を通じて，感じたり，気付いたり，分かったり，できるようになったりする「知識及び技能の基礎」
> ・気付いたことや，できるようになったことなどを使い，考えたり，試したり，工夫したり，表現したりする「思考力，判断力，表現力等の基礎」
> ・心情，意欲，態度が育つ中で，よりよい生活を営もうとする「学びに向かう力，人間性等」

「知識及び技能の基礎」「思考力，判断力，表現力等の基礎」というように，「基礎」という言葉がついているのが，幼児教育で育てるべき「資質・能力」の特色といってもいいかもしれません。知識や技能も必要なことですが，それだけでなく，考えたり，試したり，さらには，もっと知りたい，学びたいと思ったりするような態度や力の育成が求められているのです。

そのうえで，「幼稚園教育要領解説」では，この「資質・能力」は「ねらい及び内容に基づき，各幼稚園が幼児の発達の実情や幼児の興味や関心等を踏まえながら展開する活動全体によって育むものである」としています。また，「実際の指導場面においては，『知識及び技能の基礎』『思考力，判断力，表現力等の基礎』『学びに向かう力，人間性等』を個別に取り出して指導するのではなく，遊びを通した総合的な指導の中で一体的に育むよう努めることが重要である」とも説明されています。このことは「保育所保育指針」でも，「幼保連携型認定こども園教育・保育要領」でも同じです。

⇒2 「幼稚園教育要領」では「幼稚園教育において育みたい資質・能力」として，「保育所保育指針」では「幼児教育を行う施設として共有すべき事項」のなかで「育みたい資質・能力」として，「幼保連携型認定こども園教育・保育要領」では「幼保連携型認定こども園の教育及び保育において育みたい資質・能力」として示されていますが，内容としては細かい文言を除き同一となっています。

⇒3 文部科学省「幼稚園教育要領解説」2018年，p. 45。

⇒4 同上書，p. 46。

幼児教育では，すでに「環境を通しての教育」が基本であり，遊びを通しての指導や幼児期にふさわしい生活，一人一人に応じた指導など，一方的に子どもに何かを教えるというよりは，豊かな環境のなかで，子どもの興味・関心に応じた保育の重要性が示されていたとも言えます。教師や保育者が保育内容を決めて，それを順番に教えるというよりも，教師や保育者が子どもにとって魅力ある環境を提供するなかで，子どもたちが夢中になって取り組む遊びや活動を通して，幼児期に育むべき資質・能力を育てるという教育や保育を行ってきていたのです。

　このことを，具体的な遊びの場面を通して考えてみましょう。保育内容が子どもとの相互関係のなかで深まっていくことがわかると思います。以下のエピソードを読んで，どんな育ちが見えたかをみんなで話し合ってみましょう。

Episode 1　　科学実験のきっかけは……ダンゴムシ!?（年長）

　子どもたちのなかで科学の不思議遊びが大ヒットした5月。それが始まるきっかけはなんと，ダンゴムシだったのです。ダンゴムシをたくさん捕まえ遊んでいた男の子たち。ダンゴムシへの愛がとても詰まっていたので大切に飼おうということになりました。ダンゴムシの飼育環境を図鑑で調べていくと，霧吹きで土を湿らすことが必要となり，霧吹きを虫かごにかける子どもたち。霧吹きをおもしろく感じ，虫かご以外のところにもシュッと一吹きしたときに大発見!!「あっ！　虹ができてる！」。そこから虹ができることをみんなで楽しむことになりました。

　その後，子どもたちに「科学のふしぎ遊び」という図鑑のなかの虹の特集を紹介しました。すると，そこには「水がなくても虹ができる!?」と書いてあったのです。それは透明のカップなどに光を反射させてできるもので，子どもたちはクラスにあった透明の廃材をいっぱい選び，園庭に持っていき，いざ実験をすると……「あれ？　できない!?」。実験は失敗に終わりました。どうやら光の焦点が合いすぎてしまい，虹を見ることができなかったのです。

　しかし，子どもたちの遊びは終わりませんでした。「じゃあ，この実験やりたい！」と，虫眼鏡の実験に興味が広がります。それは太陽の光を虫眼鏡に集め，黒いものを焦がす実験でした。正直，私はこの実験を年長児がするのは「危ないかも……」と思ったのですが，子どもたちの意欲に負け，「絶対に虫眼鏡で太陽を見ないこと」「実験中の黒い所は触らないこと」と先に危険なことを話し，やけどをしないように気をつけて，いざ実験開始！　子どもたちも危険を知り，水の入ったバケツを準備していました。

　実験は大成功！　黒い紙が焦げました。そのとき，この現象にビックリした様子の子どもたち。「黒って熱くなるんだね」「あ，今日黒い服着てるから暑いのかも！」「あっ!!!」と帽子をかぶっていた自分の頭を触り，かぶっていない友達の頭を触り……実感。なんとそのとき子どもから出た言葉は，「だから，帽子かぶるんだ!!」との一言!!

　ほかにも「太陽見たら目が危ないね」という発言も出てきました。また，「もし火がないところに

行ってもこれで火ができるかもだね」と話す子どもたち。一つの実験をして，自分たちの周りの「なぜ？」を身をもって発見した子どもたちのすごさをとても感じました。ダンゴムシから始まった科学の不思議遊び。実験遊びに夢中な子どもたち。そこからの発見を大切にしていきたいと思います。

2 「幼稚園教育要領」等における保育内容の考え方

❶ 5領域の考え方と「ねらい及び内容」について

　「幼稚園教育要領」では，「ねらい」を「幼稚園教育において育みたい資質・能力を幼児の生活する姿から捉えたもの」，「内容」は「ねらいを達成するために指導する事項」としています。また，5領域については，これら「ねらい」と「内容」を幼児の発達の側面から，①心身の健康に関する領域「健康」，②人との関わりに関する領域「人間関係」，③身近な環境との関わりに関する領域「環境」，④言葉の獲得に関する領域「言葉」，⑤感性と表現に関する領域「表現」としてまとめ，示したものとしています。

　なお，留意点として「各領域に示すねらいは，幼稚園における生活の全体を通じ，幼児が様々な体験を積み重ねる中で相互に関連をもちながら次第に達成に向かうものであること，内容は，幼児が環境に関わって展開する具体的な活動を通して総合的に指導されるものであることに留意しなければならない」としています。

　このことを，先に紹介したエピソードを通して，具体的に考えてみましょう。エピソードの中心は，自然や科学的な事象への興味や関心から始まっていますから，ここではまず領域「環境」の視点から見てみましょう。領域「環境」のねらいでは，以下の3つのことが書かれています。

➡5 「幼稚園教育要領」第2章「ねらい及び内容」。なお，「保育所保育指針」「幼保連携型認定こども園教育・保育要領」でも同様の記述があります。

(1) 身近な環境に親しみ，自然と触れ合う中で様々な事象に興味や関心をもつ。

(2) 身近な環境に自分から関わり，発見を楽しんだり，考えたりし，それを生活に取り入れようとする。

⑶　身近な事象を見たり，考えたり，扱ったりする中で，物の性
質や数量，文字などに対する感覚を豊かにする。

　エピソードとしては，ダンゴムシから始まり，その世話をするな
かで，霧吹きが必要になり，その霧吹きを使ったときに偶然にも虹
になるという出来事があり，そこからさらに光や虫メガネを通した
熱のことまでに，興味や関心を広げていきます。先に示した領域
「環境」の「ねらい」は十分達成されていると言えるでしょう。ま
た「ねらい」を達成するために指導する事項であるとされている
「内容」についても見てみると，エピソードからその育ちを読み取
ることができたのではないでしょうか。

　そして，子どもたちの姿や言葉からは，「健康，安全な生活に必
要な習慣や態度を身に付け，見通しをもって行動する」といった領
域「健康」のねらいや，「身近な人と親しみ，関わりを深め，工夫
したり，協力したりして一緒に活動する楽しさを味わい，愛情や信
頼感をもつ」といった領域「人間関係」のねらいにも関わる育ちが
あることもわかります。さらには，領域「言葉」や「表現」のねら
いにも関わるような育ちを見つけられると思います。

　ここで重要なのは，子どもが夢中になって遊び込むなかでは，5
領域に関わる育ちが見えてくるということ，また，あらかじめ教師
や保育者が「ダンゴムシを飼う」とか，「虫メガネを使う」などと
いった保育内容を決めて子どもと関わったというのではないという
ことです。「遊びを通して」という場合，子どもの主体性が発揮さ
れなければなりません。子どもに興味や関心があれば，教師や保育
者が教えようとするよりも，より多くの学びや育ちが起こるとも言
えます。

　そのため，5領域の「ねらい」や「内容」をよく読んでみるとわ
かるのですが，具体的な活動名はほとんど出てきません。単に「自
然と触れる」というねらいであっても，短いエピソード一つをとっ
ても，さまざまな触れ合いの仕方があるように，園の置かれている
状況や一人一人の興味・関心に応じて，柔軟に対応することが求め
られているという保育・幼児教育の特性を念頭にいれてのことなの
です。

図2-1　幼児期の終わりまでに育ってほしい姿（10の姿）

出所：文部科学省「幼児教育部会における審議の取りまとめ」2016年を一部修正。

❷ 「5領域」と「幼児期の終わりまでに育ってほしい姿」との関係

　今回の「幼稚園教育要領」等の改訂（定）では，小学校教育との円滑な接続を図るために，新たに「幼児期の終わりまでに育ってほしい姿（10の姿）」が示されました（図2-1）。この「10の姿」は，あくまでも小学校教育との円滑な接続のために，小学校の先生方にも保育・幼児教育で何を育てようとしているかをわかってもらうために，改めて5領域を整理し直したものです。

　そのため，この「10の姿」は，5領域のねらいや内容と別というわけではありません。先に紹介したエピソードに再び戻って，「10の姿」で子どもの姿を整理し直してみるとわかりやすいと思います。幼児期にふさわしい遊びや生活を積み重ねることによって，特に5歳児後半になって見えてくる幼児の姿を整理すると，「10の姿」に示されたような育ちがあることがわかるのではないかと思います。

　なお，「幼稚園教育要領」等でも強調されていますが，「幼児期の終わりまでに育ってほしい姿」は，到達すべき目標ではなく，個別に取り出されて指導されるものでもありません。

　では，先のエピソードの子どもの姿を通して確認してみましょう。自分のやりたいことに向かって心と体を十分に働かせる「(1)健康な心と体の姿」。諦めずにやり遂げることで達成感を味わう「(2)自立心」。共通の目的の実現に向けて，考えたり，工夫したり，協力したりする「(3)協同性」。してよいことや悪いことがわかる「(4)道徳性・規範意識の芽生え」。遊びや生活に必要な情報を取り入れ，情報にもとづき判断したりする「(5)社会生活との関わり」。さらには物の性質や仕組みなどを感じ取ったり，気づいたりする「(6)思考力

の芽生え」。身近な事象への関心が高まる「(7)自然との関わり・生命尊重」。標識や文字の役割に気づいたりし活用する「(8)数量や図形，標識や文字などへの関心・感覚」。経験したことや考えたことなどを言葉で伝えたり，相手の話を注意して聞いたりする「(9)言葉による伝え合い」。さまざまな素材の特徴や表現の仕方に気づく「(10)豊かな感性と表現」。こういった，「10の姿」すべてに関わった育ちが読み取れると思います。

Work 2 🖊

　先に取り上げた Episode「科学実験のきっかけは……ダンゴムシ!?」を「10の姿」の視点をもって読み直してください。そして，「10の姿」が読み取れる部分に下線を引いて，それぞれが(1)～(10)のどの姿に当てはまるか書いてみましょう。

　その結果を周りの人と見比べて話し合ってみましょう。

　子どもが夢中で遊び込んでいくことで，このような子どもの姿が育っていくのです。そう考えると，どのように遊び込むような保育を実現していくかを考えていくことが，今後ますます重要になってきていると言えるのです。

3　「保育所保育指針」における保育内容の考え方

　ここでは，今回の「保育所保育指針」の改定で新たに示された保育内容，特に乳児保育や1歳以上3歳未満児の保育について触れておきます。

❶「養護」の重要性

　保育所で特に重要視されている養護（生命の保持及び情緒の安定）について触れておきます。「保育所保育指針」では，養護と教育が一体的に行われることが保育の特性であるとされています。特に養護については，これまでの「保育所保育指針」では「保育内容」の一部として説明されていましたが（第3章「保育の内容」），今回の改

▶6　養護と教育の一体的な展開については，本書第6章に具体的に示されているので，参照してください。

定において保育の原理・原則を示す「総則」（第1章）のなかに組み込まれ，「総則」において養護としてのねらいと内容が示されました。それだけ「養護」が保育のなかで重視され，基本として理解してほしいということです。

　このように養護が特に重視される背景の一つには，子どもたちを取り巻く貧困問題があります。それは経済的な貧困だけではなく，「愛情を十分に受けていないために起こる情緒的発達の遅れ（愛情の貧困）」や「親のかかわりが薄いために陥る体験不足と知的育ちへの刺激不足（体験の貧困）」，さらには，「適切な言葉かけを受けられる機会，考える機会が著しく少ないことによる，言葉や思考力の遅れ（言葉の貧困）」などが顕著に子どもの成長に見られるようになってきているからです。[7]

　子どもが小さければ小さいほど，自分の気持ちを言葉で周囲に伝えることができません。その一方で，最近の研究では，生まれたばかりの乳児であっても，多感で有能であることもわかってきました。保育において「養護」が基本と言われるのは，一人一人の子どもが，自分が大事にされているという安心感を得ることが，すべての成長の原点となっているからです。

➡7　汐見稔幸『さあ，子どもたちの「未来」を話しませんか』小学館，2017年 pp. 60-62。

❷「養護」と「保育内容」

　今回の改定のポイントとして，乳児（0歳児）の保育内容を5領域ではなく，3つの視点から示したということもあげられます。つまり，生活や遊びが充実することを通して，子どもたちの身体的・精神的・社会的発達の基盤を培うという基本的な考え方をふまえ，乳児を主体に，「身近な人と気持ちが通じ合う」「身近なものと関わり感性が育つ」「健やかに伸び伸びと育つ」という3つ視点から，保育の内容等を記載しています。

　「身近な人と気持ちが通じ合う」ことから，人との関わりや言葉が育っていきます。「身近なものと関わり感性が育つ」ことで，身近な環境に興味や好奇心をもって関わり，感じたことや考えたことを表現する力の基盤を培っていきます。また，「健やかに伸び伸びと育つ」ことで，健康な心と身体を育て，自ら健康で安全な生活をつくり出す力の基盤を培うことにつながっていくことを，乳児の保育からきちんと示したのです。

このことをふまえ，１歳から３歳未満の保育では，保育内容は５領域で示されながらも，園児の生活の安定を図りながら，自分でしようとする気持ちを尊重し，温かく見守るとともに，受容的，応答的に関わることが必要ということが明記されました。

乳児の保育内容として示された３つの視点は，人が人として育っていくために，どんなことが大事にされなければならないかを，端的に示しています。個々の子どもが，自分が愛されて安心して生活できること，身近な人と気持ちが通じ合うこと，豊かなものとの出会いがあることなどが十分保障された生活を重ねていくことで，１歳以上に示された５領域の保育内容へと分化し，さらなる成長する基盤が築かれていくのです。

これらの「保育内容」は，「子どもが健やかに成長し，その活動がより豊かに展開されるための発達の援助」として示された「教育」の側面からの視点を示したものなのですが，その前提として大切にしてほしいことが「子どもの生命の保持及び情緒の安定を図るために保育士等が行う援助や関わり」である「養護」なのです。そのため，先にも示したように「養護」に関わる「ねらい及び内容」が「総則」で示されているのです。 ^[8]

▶8 「保育所保育指針」第2章「保育の内容」。

そして，「保育所保育指針」のなかでは，「養護と教育が一体となって展開される」ということに留意が必要だということが繰り返し出てきます。この意味を理解するためにもそれぞれの「ねらい及び内容」をしっかりと確認してもらえたらと思います。

4 子どもの側から保育内容を考えよう

今回の「幼稚園教育要領」等の改訂（定）では，乳児期からの育ちが幼児期への保育内容とつながり，幼稚園，保育所，幼保連携型認定こども園といった施設の違いがあっても，さらなる整合性が求められ，幼児教育として統一されました。その背景には，子どもの主体性を尊重した教育のありようを，小学校から大学教育に至るまで探っていくという壮大な流れがあります。これまでの学習指導要領の改訂では，どの時期に何を教えるか，そして教科書はどう変わるのかといったことばかりが話題になりました。

　ところが，今回の学習指導要領の改訂では，指導内容についても議論されながら，その一方で，何をどう学ぶかという「学び方」への議論が重点的になされたのです。そこには，正しいとされる答えを，疑問ももたず，ただテスト等でできるようにする教育では，これからの時代を生き抜く子どもたちが育たないという危機感がありました。教科書の内容を規定する小学校の「学習指導要領」であっても，子どもとの関わりや教育の方法を抜きに，内容だけを細かく規定しても，子どもの主体性や学ぼうとする力は育たないのです。

　子どもの主体性を生かし，知りたいとか，学びたいという意欲を高め，友達同士でもお互いに学び合う子どもを育てようとすれば，教育内容であろうと，保育内容であろうと，子どもとの関わりのなかで深まっていかざるを得ないのです。

　幼児期の教育では，これまでも子どもの心情，意欲，態度を重視して，「幼稚園教育要領」等では具体的な活動は示されていませんでした。「体を動かすことが楽しい」となるためには，かけっこでも，鬼ごっこでも，子どもの興味や関心のあることを通して，実現できればいいという考え方が，根底にあるからです。「学ぶことが楽しい」「もっと学びたい」と思うような子どもを育てようとするならば，これからの教育や保育は，もっと変わっていかなければなりません。すぐに答えを求めようとするのではなく，「何が本当か」「何が正しいのか」といったような問いに，粘り強く取り組むような機会を保育の場面でもつくり出していかなければなりません。そう考えると，これからの保育内容は，大人側のねらいや意図はあるにしろ，子どもと共につくり出していくことがさらに重要なのです。

Book Guide

・汐見稔幸『汐見稔幸　こども・保育・人間』学研プラス，2018年。
　未来に生きる子どもたちにどのように保育をすればいいかを，幅広く考えることができる本です。
・岩立京子・河邉貴子・中野圭祐（監修）『遊びの中で試行錯誤する子どもと保育者──子どもの「考える力」を育む保育実践』明石書店，2019年。
　子どもが遊びのなかで学んでいる姿や試行錯誤を繰り返している姿。そのような姿を保育者はどう支え実践に生かしていけばいいかについて，わかりやすく紹介している本です。

Exercise

1. 図書館やインターネットを利用して，幼児期の子どもが話し合ったり，調べたりする実践を探し，その実践を紹介し合いましょう。
2. これからの時代に求められる資質・能力は，学生であるみなさんにも求められる資質・能力です。自分たちにはどのような資質・能力があるのか，それは，どんな教育や保育ならば，もっと身についていくのかなどについて話し合ってみましょう。

第 3 章

子ども理解と評価の考え方

5人で一冊の本を見ながら何やら話し合っています。このような場面を見たとき，あなたは子どもたちの姿から何を感じますか？

素朴に写真を見れば，まずは「5人で何を話しているのだろう」と感じてもらえるはずです。5人集まって一生懸命話をしているのですから，何か興味や関心のあることが本に載っていたのでしょう。そのことを保育者も知りたいはずです。5人で話し合って，新たな遊びなどが生まれていくとすれば，子どもたちのなかに，少なくとも，「幼児期の終わりまでに育ってほしい姿」のなかの，「協同性」や「数量や図形，標識や文字などへの関心・感覚」「言葉による伝え合い」などが育ってきていると見ることもできます。

　ところがこの場面が，保育者側から見て，片付けの場面だったり，クラスで一斉に何かをしなければならない場面だとすると，保育者の子どもたちへの評価は大きく変わってしまいます。「保育者の言うことを聞かない」，「みんなと一緒のことをしない」など，否定的な言葉が並ぶかもしれません。

　その一方で，そのような一斉で活動する場面であっても，いつも一人でぽつんとしていた子が，絵本か図鑑を見ながら5人で話している姿であったら，それは保育者にとってうれしい場面になる可能性もあります。

　このように，保育者が子どもを評価しようとするときには，保育者がその子どもをどのように見ているかが大きく影響します。この章では，子どもをどう理解し，どのように関わっていくかによって，子どもの評価，言い換えれば，子どもの成長する姿が大きく変わってしまうことを学んでほしいと思います。保育のおもしろさ，そして責任の重さは，保育者の子どもへのまなざしにあるのです。

1 保育における子ども理解とは？

❶ 自分自身の子どもを見るまなざしを振り返ってみよう

　保育における子ども理解について学ぶ前に，まず，あなた自身が，普段，子どものことをどのように見たり，関わったりしているかという，自分自身の子どもを見るまなざしを振り返ってみましょう。
　以下のエピソードは，ある幼稚園の3歳児クラスで実際に見られた一場面です。

Episode 1　「カナヘビグループじゃないからダメだよ！」

　お弁当の時間が近づき，保育室のなかでは，子どもたちが，それまで遊んでいた場所を片付けながら，少しずつお弁当の準備を始めました。アキラくんは，「今日は，カナヘビグループで食べるんだ！」と言いながら，それまで一緒に外で遊んでいたコウくん，ヒサシくんたちと一緒に，一つの机を囲うように椅子を運んでいます。
　その様子を，その日は外で遊んでいなかったタクミくんが自分のお弁当袋を胸に抱えながら，少し離れたところからじっと見ています。一方，同じく一緒には遊んでいなかったイツキくんはアキラくんの側へ近づき，まるで"一緒に食べようよ"とでもいうように，アキラくんの隣に寄り添って肩に腕を回してきます。
　しかし，アキラくんは，そんなタクミくんやイツキくんに対して，「カナヘビグループじゃないからダメだよ！」と言って，肩を抱いてきたイツキくんの身体を手でぐっと押し戻しました。そして，コウくんやヒサシくんたちに向かって，「おれたちカナヘビグループだもんな」と声をかけ，仲間であることを確認し合いながら，自分たちの席をつくってしまいました。

　もし，あなたがEpisode 1のような場面に出会ったら，子どもたちにどのように関わろうと思いますか？　また，そのような関わりをしようとするのはなぜでしょうか？　ある保育者養成校の学生たちに尋ねてみたところ，以下のような意見が出てきました。

・アキラくんに対して，「タクミくんたちも一緒に食べたいみたいだよ」と伝えてみる。

・「アキラくんが仲間に入れてもらえなかったらどう感じるかな？」とタクミくんやイツキくんの気持ちになってみることを促す。
・大勢で食べる楽しさを知ってほしいので，「みんなで食べるとおいしいよ」と伝えてみる。あるいは，2つの机を合体させて，大勢で一緒に食べられるように環境を工夫してみる。
・保育者が一緒に食べることで，他の子どもたちも入りやすいよう，自分がカナヘビグループに一緒に入り，「タクミくんやイツキくんも先生の仲間だから一緒に入れて」と頼んでみる。

　これらの意見を見ると，その想定されている関わりの多くがアキラくんがタクミくんやイツキくんと一緒にお弁当を食べられるようになることを目指し，そのための方法として考えられたものであることに気づかされます。みなさんの答えはどうだったでしょうか？
　Episode 1 に限らず，たとえば遊びのなかでも，このように特定の「仲間」とグループを形成し，それ以外の人を排除しようとするような行為が見られる場面では，私たちは，「仲間に入れない」という子どもの行為を，ともすると，望ましくない行為や社会性の未熟さなどとして捉え，そうした行為をする子どもに対して何らかの「指導」を行うことによって，「みんなで仲良く」遊ぶことができるようになることを求める傾向があるように思います。それらは，多くの大人が日常のなかで何気なく子どもたちに期待したり，行っている関わりだと思われますが，ここでは，そのような姿を子どもに求めたり，そのための指導を行おうとする，私たちのまなざしや関わりの背後に，どのような「枠組み（子どもへの見方や発達というものの捉え方など）」が存在しているのか，また，それが子どもたちの育ちにどのような意味や影響をもつものになるのかを探ってみたいと思います。

❷「教える対象」として子どもを見る子ども観

　先述のエピソードのような場面において，特定のグループをつくり，それ以外の子どもを仲間に入れようとしない子どもに対して，他の子どもたちとも一緒に食事や活動ができるように働きかけようとする大人の関わりの背後には，それぞれの人のもつ「望ましい子

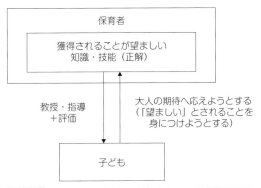

図 3-1　子どもを「教える対象」として見る関係構造
　出所：佐伯胖『「わかる」ということの意味』岩波書店，
1995年をもとに筆者作成。

　1　佐伯胖は，このように子どもを「教える対象」として見るまなざしを，相手を「働きかけの対象」としてみなして，「人間」として見ていないとし，尊厳ある人間に対して「失礼な」ことであると批判しています（佐伯胖「子どもを『教える対象としてみない』ということ」『発達』138，ミネルヴァ書房，2014年）。さらに，佐伯は，子どもを「人間としてみる」ためには，そのような「教える対象」として見るまなざしから脱し，他者からの関わりに「応えようとする自己」をもった存在である子どもの「行為主体としての応答」を受け止め，こちらも応答をしないではいられない主体として「相互主体的な感覚」をもって二人称的に関わることが必要であるとしています（佐伯胖「子どもを『人間としてみる』」『子ども人間学』という思想と実践』北樹出版，2020年）。

ども像」が影響しているのではないでしょうか。たとえば，アキラくんに対し，「タクミくんやイツキくんも仲間に入りたいみたいだよ」と伝えたり，「自分が仲間に入れなかったらどう感じる？」と尋ねたりする働きかけの背後には，「相手の気持ちを考えて行動できるようになること」を「望ましい育ちの姿」として期待する大人の願いが存在していると考えられます。また，「みんなで食べるとおいしいよ」という言葉には，「誰とでも分け隔てなく関われるようになること」「何事もみんなと一緒にできること」を期待し，それを「望ましい姿」とする考え方が表れているように思われます。そして，そうした「望ましい姿」になるために，「みんなで仲良くする」「誰かを仲間外れにしない」「仲間に入りたい子は入れてあげる」などの身につけるべき（望ましい）とされる価値規範や振る舞いを，大人が教えてあげるべきであり，そうした指導によって，子どもはそれらの振る舞いを身につけることができ，望ましい育ちが達成されるという子ども観や学習観が存在しているのではないでしょうか（図3-1）。

　このような子ども観に立つと，子どもたちは，常に，大人が想定する身につけるべきことが望ましいとされる知識や技能を教授（指導）され，それらを獲得することによって学習していく存在であるとみなされます。つまり，ここでは，子どもは大人にとってあくまで「教える対象」とされているのです。このような子ども観や学習観は，実は，これまでのわが国の教育・保育においても暗黙のうちに前提とされてきたものと考えられます。

　佐伯（2014）は，わが国の「教育」は，「教えて（望ましいとされ

る方向）に変えること」という「教化主義」に陥ってきたとして、子どもを「大人が望ましいと考える状態に子どもを導く」という教化の論理のもとに、子どもを「教える対象」として見ることは、子ども自身が「よく生きようとしている」事実を見ずに「どう変えられるか」だけの関心で子どもを見てしまうことになる危険性を指摘しています。

　さらに、そのようなまなざしに立つと、大人は、その子どもに「何を（どう）教えるべきか」を探るために、何が不足しているのか、改善すべき問題点は何かに目が向いていくことになります。そうしたまなざしは、教授（指導）の結果として、獲得するべきものが身についたかどうかに焦点化して子どもを見るまなざし（「評価するまなざし」）にもつながり、子どもは、常に、大人が「教授しようとしていること」を学習していくことが求められる存在となるのです。しかし、近年では、このような大人の「教えよう」とする姿勢や関わりに対して、子どもたちは（ともすると過剰とも言えるほどに）適応的に応じようとする傾向性があり、結果として、自ら試行錯誤したり、探索しようとする行為が生まれにくくなることも指摘されています[2]。

　そもそも子どもは、大人の想定する「望ましさ」や「あるべき像」に向けた指導や働きかけによってしか学べないものなのでしょうか。また、そうした大人の教授（指導）によって、子どもは本当に多様な他者と協働したり、相手の思いに寄り添えるようになっていくのでしょうか。

❸ 子どもの行為の「意味」を読み解こうとするまなざし

　先の問いについて考えるヒントが、実は、Episode 1 のアキラくんが、なぜ「カナヘビグループ」にそこまでこだわっていたのかという、アキラくんの行為の「意味」と、その後の行動に隠されていました。ここでは、まず、アキラくんの行為の「意味」を探るために、Episode 1 と同じ日の午前中に見られた子どもたちの関わりの様子を紹介します。

➡2　佐伯胖は、このような「教え‐教えられる」という関係のなかに置かれると、人間は、目的や理由がよくわからないことについても、大人や先輩が「教示的に」示しているものについては、その「行為内容を吟味する」思考を停止し、盲目的に模倣することで「文化適応」しようとする傾向性があることを多様な先行研究をもとに示し、教示的な関わりのもつ怖さを指摘しています（佐伯胖ほか『まなびを学ぶ』東京大学出版会、2012年）。また、石黒広昭は、小学校の教室における詳細なエスノグラフィを通して、子どもたちが、教師の発話や行為を手がかりに、目の前の教師の示す指示や評価を超えた「教師が発するであろう未来の評価の声」に"自主的に"応えようとしていく姿を明らかにしています（石黒広昭『子どもたちは教室で何を学ぶのか──教育実践論から学習実践論へ』東京大学出版会、2016年）。

Episode 2 　　　一緒に取り組んだカナヘビのお墓づくり

　3歳児クラスに入園した当初は，友達と遊び始めるまでに少し時間がかかったアキラくんでしたが，2学期には，クラスの友達ともすっかり馴染んで，いろいろな遊びをさまざまな相手と一緒に楽しむ姿が見られるようになっていました。しかし，冬休みが明けた頃から，アキラくんが，また少し気になる姿を見せ始めました。朝，登園してきても，保育室の入口で立ち止まったまま，なかの様子をじっと見渡していて，保育室に入って来るまでにかなり時間がかかったり，なかに入ってロッカーに荷物を置いても，一人で浮かない顔でブラブラしているということが多く，じっくり何かを遊び込んだり，誰かと一緒に何かをするという様子が見られない日が続いていました。アキラくんのクラス担任のA先生とB先生も，そんな姿を気にかけて，様子を見ながらさりげなく遊びに誘ったりするのですが，なかなか遊びに加わる姿が見られませんでした。

　そんな日が続いていた時期のこの日の朝，アキラくんが登園してくると，保育室にはA先生とコウくんやヒサシくんなど5人の男の子しかいませんでした。お天気がいい日で，外で遊んでいる子が多かったのです。A先生は，ちょうどコウくんたちに誘われて外へ鬼ごっこに行こうとしているときでしたが，登園してきたアキラくんを見て，「アキラくん，これからコウちゃんたちと鬼ごっこに行くんだけどアキラくんも行かない？」と声をかけました。すると，「うん」と頷いたアキラくんは，すぐに自分のロッカーに荷物を置くと，A先生と5人の男児たちと一緒に外へ出ました。

　珍しくアキラくんが自分から加わった遊びをじっくりと続けられるようにと考えたA先生は，たくさんの子どもたちが遊んでいる園庭ではなく，道路を隔てた園の駐車場へと移動し，そこで鬼ごっこを始めました。他の邪魔が入らない場所で，楽しそうに鬼ごっこを始めた子どもたちでしたが，5分くらい経ったとき，ヒサシくんが駐車場に落ちていたゴム製のトカゲのおもちゃに気づき，「これなんだろう？」と拾い上げました。その様子に気づいた他の子どもたちは，すぐにヒサシくんの周りに集まって来て，その手にあるトカゲのおもちゃを覗き込みます。何度も車に轢かれてしまっていたのか，ペッタンコになった古ぼけたトカゲのおもちゃを見て，子どもたちは「ヤモリじゃない？」「ヘビだよ」「死んでるのかな？」と口々に言い合っています。そして，最後には，「カナヘビだよ。死んじゃったんだね」という誰かの声にみんなが賛同し，子どもたちは，ヒサシくんの見つけたトカゲのおもちゃを「死んでしまったカナヘビ」だと信じたようでした。すると，それまで黙ってそのやりとりを見ていたアキラくんが，「死んじゃったんだったら，お墓をつくってあげればいいんだよ。そしたら天国に行って，また戻ってきてくれるよ」と提案したのです。それを聞いて，普段から虫や動物が大好きで，家でもお父さんとたくさんの虫を飼っていたコウくんが「そうだね。お墓をつくろうよ」と賛成してくれ，みんなでカナヘビのお墓をつくることになりました。まずは，どこにお墓をつくるかという相談から始まり，お墓をつくるために道具を取りに戻ったり，その途中では誰がカナヘビを持っているかでケンカになったりなど，いろいろな葛藤もありつつも，お墓をつくりたいという6人の思いに寄り添ってくれるA先生の支えを得ながら，何とかカナヘビのお墓をつくりあげることができました。

　アキラくんの発案でお墓にお花を供えたところで，ちょうどお昼の時間が近づいてきたので，A先生が「そろそろお部屋に戻ろうか？　お弁当の時間になるね」と声をかけると，そのときアキラくんの隣にいたコウくんが，そっとアキラくんに近づき，顔を寄せると「今日は一緒に食べようね」とささやきました。その言葉に，アキラくんは照れくさそうな表情を浮かべつつ小さく頷いていました。

Episode 1 は，このやりとりの直後に，保育室に戻ってきたアキラくんが張り切ってお弁当の準備を始めた場面だったのです。では，この Episode 2 を読んでから，もう一度 Episode 1 を読み直してみてください。もしかすると，最初に Episode 1 を読んだときとは，アキラくんの行為の「見え方」が少し違ってくるのではないでしょうか。もし，そうだとしたら，それはなぜでしょう？

　おそらく，それは，アキラくんのそれまでの姿や「カナヘビグループ」が生まれてきた経緯を知ることで，アキラくんの「カナヘビグループ」でお弁当を食べることにこだわる行為の「意味」が見えてきたためではないでしょうか。子どもの行為には，すべて，その子にとっての行為の「意味」が存在しています。たとえば，「特定の相手と仲間をつくる」「それ以外の人を仲間に入れない」という行為も，その時々によって，それぞれの子どもたちなりの理由があり，意味があります。しかも，そうした理由を必ずしも，子ども自身が言葉で説明できるとは限りません。

　アキラくんの場合，「カナヘビグループ」と名づけた，その日の友達との関わりは，アキラくん自身が他者との関わりに少し難しさや葛藤を感じていた時期に，思いがけなくじっくりと誰かと共に一つのことに取り組めた充足感であったり，自分の発案をみんなが受け止めて，実現に向かって協力してくれた喜びであったり，互いの思い（「カナヘビを自分が持ちたい」など）がぶつかり合ってケンカになっても，仲直りができることへの気づきや自信であったりなど，さまざまなかけがえのない経験を得ることのできたひとときだったのではないでしょうか。そうした充実した思いを味わえたからこそ，もう少し，その関わりを続けたいという思いが先立ち，「グループ」として名づけたり，他との境界をつくることで，その関係を維持・継続したかったのかもしれません。

　私たちは，ともすると，「仲間に入れられるようになること」を単純に「望ましい姿」や社会性の発達の証かのように捉えがちですが，子どもたちの姿を丁寧に見ていると，「誰でも仲間に入れることができる」ことが必ずしも発達を示す姿とは限らないことに気づかされます。たとえば，特に親しみを感じたり，大切にしたい相手ができると，その相手との関係にこだわったり，他の関係と区別したりする姿が生まれてくることもあります。他者との関係が育ってきたからこそ，それ以外の他者を仲間に入れられなくなる時期や瞬

間もあるのです。そのような大切にしたいという他者との関係が生まれ，その相手との関係のなかで相手への気遣いや関わり方を探ろうとする経験は，その後のさまざまな他者と関係を築いていくうえでも，とても貴重な学びのプロセスであると考えられます。そのように考えると，子どもの育ちというのは，決して，その時点で子どもの見せている「入れる」「入れない」（「できる」「できない」）という表面的な行為だけでは評価できないものではないでしょうか。

　このように，その時々の子どもの行為を，それぞれの子どもが置かれている状況のなかで，それが生まれてきた経緯や，その子の内面を含めた思いへ目を向けてみると，同じ行為であっても，単に改善させるべき問題行動や何らかの未熟さを表す行動ではなく，その子なりの必然性や，その子の育ちに向けた経験となり得るものとして，それがもつ「発達的な意味」が見えてくるようになるかもしれません。そして，それが見えてくると，結果として，そこで考えられる子どもへの関わりも変わってくるのではないでしょうか。

　実は，先のEpisode 1で，アキラくんの傍らには，その様子を見ていた保育者がいました。それは，カナヘビのお墓づくりを傍で見守ってくれていたA先生ではなく，その様子をまったく見ていなかったもう一人の担任保育者のB先生でした。

　B先生は，その日の午前中，アキラくんたちとは違う場所で他の子どもたちと過ごしていたため，アキラくんとコウくんたちとのやりとりをまったく知らない状態で，Episode 1のアキラくんの言動に出会いました。「カナヘビグループじゃないからダメだよ！」とタクミくんたちに言い放ったアキラくんの様子を，そのそばで積み木やブロックの片付けをしながら見ていたB先生は，とても気にしていて，声を掛けようかどうしようかと逡巡しているようでした。しかし，迷いつつも，すぐに声を掛けようとはせずに様子を見守っていました。そこへ，外の片付けに行っていたA先生が戻ってきたため，B先生はA先生へそっと近寄り，アキラくんたちのやりとりをこっそり伝えたところ，A先生から午前中のカナヘビのお墓づくりの経緯を聞き，「ああ，（アキラくんたちに対して）余計な口出しをしなくてよかった！」と胸をなでおろしていました。そして，その後，B先生たちは，アキラくんたちがつくった「カナヘビグループ」の席はそのままにして，そこに入れなかったタクミくんとイツキくんが，その日クラスに遊びに来ていたボランティア学生のお兄

さんと一緒に，別の机でお弁当を食べられるよう援助していました。

　保育のなかでは，一人一人の子どものすべての行動を見ていられるわけではありませんので，それぞれの行動が生まれてきた経緯をすべて把握することは不可能です。そのため，それぞれの子どもの行為の「意味」を，必ずしも「正確に」理解できるわけではありません。たとえ見ることができていたとしても，自分とは異なる他者である子どもの思いが「正確に」わかるはずもありません。B先生も，午前中のアキラくんたちの関わりを見ていなかったために，「カナヘビグループ」だけでお弁当を食べようとするアキラくんの行為の「意味」がすぐに理解できたわけではありませんでした。にもかかわらず，アキラくんたちの「仲間に入れる」「入れない」という葛藤場面へすぐには介入せずに，少し見守るという行為を選択したのはなぜだったのでしょうか。そこには，B先生が，アキラくんの行為に対して，「理由はわからないけれども，この行為には何か意味があるのではないか？」と，アキラくんの思いに心を寄せ，アキラくんの側からその理由（意味）を探ろうとする姿勢があったためだと思われます。そしてそれは，普段のアキラくんの様子を丁寧に見続け，アキラくんの置かれている状況や周囲との関係構造，そのなかでアキラくん自身が抱えていた葛藤などを気にかけていたからこそ生まれてきた姿勢であり，判断だったと考えられます。そのように，一人一人の子どもに対して，その子の側から丁寧に行為の意味を探ろうと心を寄せ続けるまなざしにこそ，保育者の専門性があると感じさせられます。

　しかし，その一方で，読者のみなさんのなかには，「カナヘビグループ」だけでお弁当を食べたいというアキラくんに対し，やはり，タクミくんやイツキくんなど仲間に入れなかった子どもの気持ちを伝え，みんなで仲良くすることを「教える」必要があるのではないかという疑問を抱く方もいるかもしれません。

　確かに，子どもたちが大人になっていくにあたって，特定の相手とだけではなく，必要に応じてさまざまな他者と適切な関係を構築し，協働していけるようになることは大切なことですし，そのためには，他者の思いに気づいたり，相手の立場に立ってものを考えることも必要になります。それは大切なことですし，そうした育ちを期待すること自体は否定されるべきことではないでしょう。しかし，それは「教え」なくては学べないものなのでしょうか。そのような

大人の不安に対して，実は，子ども自身が，自ら他者や世界との関わりのなかで，互いにとってのよりよい関係を主体的に探り，考え，つくり出そうとしている存在であることを，次に紹介するアキラくんの姿が私たちに教えてくれます。

❹ 子どもを「応答する対象」として見るまなざしへ

Episode 3　　　　"応えられなかった相手" へのアキラくんの関わり

　お弁当を「カナヘビグループ」で食べ終えた後，お弁当箱をロッカーに片付けたアキラくんは，しばらく保育室のなかを見渡していました。そして，お弁当を食べ終えたタクミくんに気づくと，そっと近づき，タクミくんの横からわき腹をツンツンとつつきました。つつかれたことに気づいたタクミくんは，アキラくんの顔を見ると，「フフッ」と少し笑って，アキラくんのお腹をそっと触ります。すると，アキラくんもうれしそうに，もう一度タクミくんの脇腹をつつき，その後すっと 2，3 歩後ずさりました。タクミくんは少し遠ざかったアキラくんに近づきお腹をつつき返すと，今度は自分が数歩遠ざかり，アキラくんから離れてアキラくんが来るのを待ちます。そんなやりとりを繰り返すうちに，相手にタッチしたら逃げる，タッチされたら追いかけるという追いかけっこが始まりました。保育室の前のテラスも使って，2 人で走り回りながら，うれしそうに相手を追いかけます。相手が追いついてこないと，少し立ち止まって相手がタッチしに来るのを待ち，タッチされるとうれしそうに相手を追いかけるというやりとりを帰りの会が始まるまで続けていました。

　おそらくアキラくんは，お弁当の前のタクミくんの様子から，自分たちと一緒にお弁当を食べたかったタクミくんの思いに気づいていたのだと思います。しかし，その時点では，「カナヘビグループ」で食べたいという自分の思いが強く，タクミくんの思いに応えることができなかったのでしょう。ただ，自分自身が親しみを感じる相手との関わりを十分に味わい，そこに充足感や達成感をもつことができた後に，今度は，改めてタクミくんへ思いを寄せる心の余裕が生まれてきたのではないでしょうか。だからこそ，ここで，自らタクミくんに関わりかけ，タクミくんが楽しめるようなやりとりを生み出そうとする行為につながったのではないでしょうか。こうしたアキラくんの姿から，たとえ幼い子どもであっても，自分のやりたいことが満たされさえすればそれで満足するというわけではなく，常に，相手との関係のなかで，互いにとって心地良く，うれしい関係を築くためにどうしたらいいか，真剣に探ったり，試したりして

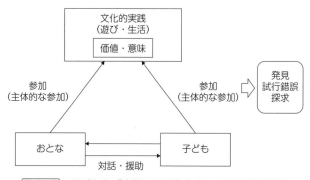

図3-2 子どもを「応答する対象」として見る関係構造

■出所：佐伯胖『「わかる」ということの意味』岩波書店，1995年をもとに筆者作成。

いることが伝わってきます。

　しかし，このような子どもたちのもつ他者への気遣いや配慮性は，大人が「みんなで仲良く」ということを教えようとしたり，指導を急いでしまう関わりのもとでは（生まれる前に大人が関わってしまうため）生まれてきにくかったり，気づかれにくいものかもしれません。アキラくんの姿は，アキラくんの置かれている状況や，彼が，いまどのように周囲の他者やモノと関わりをもとうとしているのかに心を寄せ，その関わりを大切に保障してくれた保育者のまなざしや関わりがあったからこそ生まれてきたものであると考えられます。そして，このような保育者のまなざしの基盤には，子どもを一方的に「教える対象」として見るのではなく，自ら周囲の社会的・文化的実践へ参加しつつ，さまざまな他者やモノと出会い，その対象への理解や関わりを深めていこうとしている「主体的な学び手」として捉える子ども観や学習観が存在していると考えられます（図3-2）。

　このような子ども観に立つ場合，大人は，子どもの姿と対話をしながら，その子の見ている世界を共に見て，その対象のおもしろさや価値を共に味わったり，子どもたち自身が，いま，どのように世界（周囲の社会的・文化的実践やそこで出会う人やモノ等）と関わりをもとうとしているのかを探り，それらを支えるために必要な環境や援助を考えながら，応答していく存在となります。すなわち，ここでは，大人にとって子どもは「教える」べき対象ではなく，「応答する」べき対象となっているのです。「応答する」というのは，相手に「応じる」「答える」ことですから，そこでは大人の伝えたいこと発信したいことが先にあるのではなく，あくまで，その時々の

子どもの姿をもとにどのように応じるかを探っていく必要があります。そのため，まずは子どもを一人の主体として，その思いや興味・関心を探り，その子の行為の意味を丁寧に読み解いていこうとするまなざしが前提となってくると考えられます。

2 子ども理解にもとづく評価とは？

❶ 子どもの「ある」姿から，経験内容を探るまなざし

　前節において，望ましいとされる（身につけるべきとされる）内容を身につけることを目標とし，それと現在の子どもの姿を照らし合わせて，それぞれの子どもに不足している点や未熟さに焦点化し，身につけさせようとするまなざしや関わりのもつ問題を確認しました。

　「教えるべきことは何か？」から出発するまなざしは，それぞれの子どもがいまもっていないもの（「ない」部分）に目を向け，子どもを指導の対象（「教える対象」）として位置づけることになります。しかし，本来，主体的に学ぼうとしている子どもたちの姿勢や学ぶ力を阻害しないためには，まず，その子どもが見ている世界を共に見て，子ども自身が何に出会い，何をおもしろがり，何に困難さを抱えているのかを探っていこうとするまなざしが必要となります。それは，子どもの「いま，ある姿（あるがままの姿）」から，そこに隠された，その子の思いや行為の「意味」を捉え，その経験が，その子どもにとって，またその子の育ちにどのような意味や価値をもっているのかを探っていくまなざしでもあります。

▶3　汐見稔幸は，「ない」から出発する教育は，外側のモデルを追いかける教育になって，内側のモデルの芽を開かせる教育になりにくいとして，「ある」から出発する教育の大切さを指摘しています（汐見稔幸・久保健太（編著）『保育のグランドデザインを描く──これからの保育の創造にむけて』ミネルヴァ書房，2016年）。

Work 1 ✏

　次の写真は，1歳児のAちゃんが園庭で遊んでいて，ふと地面に大きなアリを見つけたときの姿です。Aちゃんが何を思い，何をおもしろがっているのかを探ってみてください。

　そして，それぞれが思いつくAちゃんの「心の声」を吹き出し部分に書き込んでみましょう。

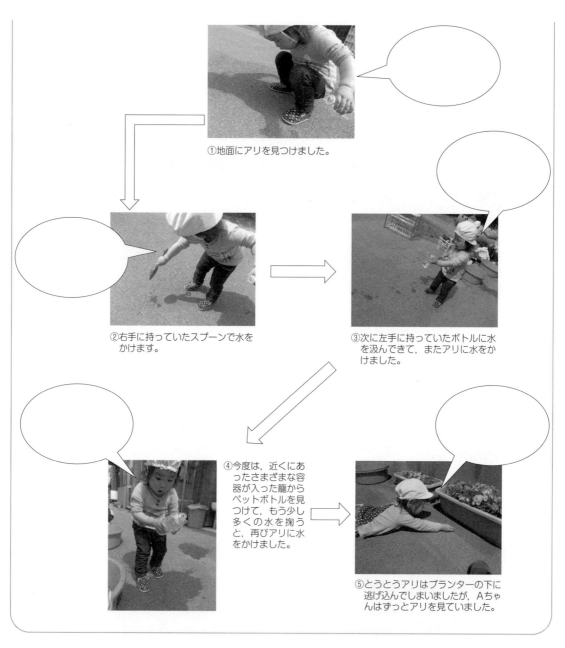

①地面にアリを見つけました。

②右手に持っていたスプーンで水を
かけます。

③次に左手に持っていたボトルに水
を汲んできて,またアリに水をか
けました。

④今度は,近くにあ
ったさまざまな容
器が入った籠から
ペットボトルを見
つけて,もう少し
多くの水を掬う
と,再びアリに水
をかけました。

⑤とうとうアリはプランターの下に
逃げ込んでしまいましたが,Aちゃ
んはずっとアリを見ていました。

　いかがですか？　みなさんにはＡちゃんのどんな「声」が聴こえ
てきたでしょうか？　おそらく,そこにはさまざまな「声」があっ
たことと思います。たとえば,このＡちゃんの姿を「アリに水を飲
ませてあげようとしている」と受け止めた人もいれば,「アリにイ
タズラをして楽しんでいる」ように見えた人もいるかもしれません。
ちなみに,私は,この一連の写真が,Ａちゃんが「とても小さいア
リが元気に動いていることを不思議に思って,どうしたら止まるか,
水をかけて試している」プロセスのように見えました。

　その場合，写真①で，アリに出会ったＡちゃんは，小さなアリが自分たちと同じように生きている（歩いたり，動いたりしている）ことを不思議に感じ，「どうしたら止まるだろう？」と考えたのではないでしょうか。そして，「そうだ。水をかけてみたら，アリが止まるかもしれない」と考えたＡちゃんは写真②でそれを試してみたのかもしれません。さらに，その後の③・④は，水をかけられても元気に動き続けているアリに対して，「止まらないのは水が少なかったからかもしれない」「もう少したくさんの水をかけてみたら止まるかな」と原因を考え，再検証していっているプロセスだったようにも思われます。そのように考えてみると，この短い場面での子どもの行為のなかに，子ども自身が身近な環境からさまざまな事象に出会い，そこに生まれた問いに対して，試行錯誤しながらも，探究と発見を重ねているプロセスに気づきます。このような，一見すると，ただ「子どもらしくて微笑ましい姿」や「困ったイタズラ」として見えるような場面であっても，子どもがどのようにそのモノや人や出来事と出会って，「対話」をしているのかを探っていくと，そこで，子どもはさまざまな経験をしていることが見えてくるのではないでしょうか。

❷ 主体的な学びを生み出す保育の営みとそれを支える評価

① 子どもの主体的な学びを生み出す保育とは

　先ほどの Work の事例のように，子どもが主体的に環境と関わり，対話しているとき，その経験内容が豊かなものになるかどうかは，傍らにいる大人のまなざしと関わりによっても変わってくるでしょう。先ほどの場面では，Ａちゃんがじっくりとアリと関わり，さまざまなモノを使って試行錯誤していくための自由な時間と環境（水やペットボトルなど）が保障されていました。それが保障されていることによって，Ａちゃんが興味のある対象（アリ）に出会ったときに，さまざまな試しが生まれ，発見にもつながっていったと考えられます。また，Ａちゃんの傍らには，この試行錯誤をＡちゃんの主体的な探究過程と捉え，温かく見守る保育者のまなざしがありました。自分のしていることに興味をもち，そこでの驚きに共感したり，発見を共有してくれる他者のまなざしや，そのまなざしから生まれる保育環境の保障が，子ども自身の探究を支え，その経験を豊

かにしていくことにもつながっていくと考えられます。しかし，一方で，そのような保育者のまなざしや姿勢に対し，「そうは言っても，生き物に対して水をかける行為を黙認していいのか？」「子どもの行為をただ肯定しているばかりでいいのか？」「生命の大切さを教えるべきではないか？」という声も聞こえてきそうです。

　ただ，ここで気をつけたいのは，子どもの姿を共感的に見るということは，単に子どもの行為を黙認したり，盲目的に肯定するわけではないということです。ただ単に肯定的に見るだけになってしまうと，それぞれの子どもの行為が生み出されている「意味」には目を向けず，ただ，「子どもがやっていることは，その本人が好きでやっていることだから認めてあげなくてはいけない」となってしまいかねません。それでは，保育は子どもがやっていることを「見守るべき」か「教えるべき」かというような二者択一の議論からなかなか抜け出すことはできないでしょう。そのような二項対立的な見方に陥るのではなく，子どもの行為が生み出されている背景にある状況や関係構造へ目を向け，その行為の生まれてくる文脈を読み解いていこうとするまなざしをもつことによって，初めて，ただの「黙認」や「肯定」ではなく，かと言って，一方向的に「教える」のでもなく，それぞれの子どもが関わろうとしていること（試したり，探究していること）を丁寧に支え，より充実させていくためにどうしたらいいかを考える保育へと変わっていくのではないでしょうか。

　たとえば，アリに水をかけていたＡちゃんと同じ園の２歳児クラスで見られた子どもたちの事例から考えてみましょう。

➡4　皆越ようせい（写真・文）『ミミズのふしぎ』ポプラ社，2004年。

Episode 4　🎓　生き物の不思議さと愛おしさに出会うプロセス

　最近，ミミズの写真絵本（『ミミズのふしぎ』[➡4]）が大好きな子どもたちは，保育者に読んでもらったり，自分で読むときなど，いつもこの本を持ってきて，夢中で読んでいる様子が見られます。とてもリアルなミミズの写真やその生態がわかる内容に子どもたちは興味津々ですが，なかでも，みんなの一番のお気に入りはミミズのウンチのページです。

　そんなある日，お散歩中に，子どもたちがミミズのウンチを見つけました。「本で見た写真とおんなじ形だ！」と大興奮で，みんなで覗き込んでいます。そして，「ウンチがあるということは，この近くにミミズがいるに違いない」というＢくんの推測のもと，ミミズ探しが始まりました。「こういうところにいるんだよね」と，絵本で知った知識と照らし合わせながら，ミミズの好みそうな場所を探し，とうとうミミズを見つけました。これまでにも，散歩の途中でミミズを見つけたことはありましたが，こ

の日は，ウンチを見つけたことをきっかけに，自分たちで探し，発見したミミズだという思いがあったためか，子どもたちから「園に連れて帰りたい」という声があがりました。担任のＴ先生は，日常の子どもたちの様子を見ていて，生き物への関心が高まっていることを感じていたため，子どもたちの声に応え，ミミズを連れて帰って，クラスで飼うことにしました。

　子どもたちは，絵本や図鑑を持ってきて，ミミズのいろいろな情報を確かめたり，水のなかでも生きられるという情報をもとに，飼育ケースに水を入れた「ミミズハウス」をつくって様子を観察したりするなど，本で得た知識と目の前のミミズの姿を照らし合わせながら，さまざまな発見を楽しんでいます。

　そんなふうにミミズと暮らし始めたことで，子どもたちの興味は，他の生き物にもどんどん広がり，園庭やお散歩先でも，いろいろな生き物に目を向ける姿が生まれていきました。そして次に，園庭でＣくんが見つけたアオムシも，「お部屋で飼いたい」ということになりました。保育者が用意してくれた飼育ケースで飼い始めると，子どもたちは，ケースのなかのアオムシを夢中で覗き込みながら，ミミズのときと同じように，アオムシの図鑑や写真絵本を持ってきて，写真と見比べて，同じところや違うところを発見しては，互いに伝え合っている姿が見られます。一方，Ｃくんは，アオムシのケースの前でミミズの絵本を開きながら，「（アオムシのウンチは）ミミズのウンチと違うね」と新たな発見をしています。アオムシに興味津々の子どもたちですが，アオムシをお家（飼育ケース）から出すと，いつの間にか，そおっ〜とアオムシを潰さないように配慮しながら，やさしく触るなど，アオムシの身になった関わりが見られるようになっていきました。そして，次第にサナギになり，チョウチョへと変容していく姿に出会いながら，自分たちと異なる生き物への興味や，その不思議さ，おもしろさを感じているようでした。

　ここでの保育者は，子どもたちに「生き物をいじめてはいけない」と教えたわけでも，「生命の大切さ」を説いているわけでもありません。子どもたちは，ミミズやアオムシなど，自分たちが興味をもった生き物と身近に関わり，共に暮らすなかで，その対象に愛着をもち，思いを寄せるようになっていきます。そして，その過程で，生き物がエサを食べ，排泄をする姿や，活発に動くときもあれば眠っているときもあるなど，自分たちと同じように「生きている姿」を感じ取り，自ずとその生命に対する配慮性が芽生えてきたのです。それは，子どもたちが対象（ミミズ，アオムシなど）とじっくりと関わり，「対話」を深めていったことにより，生まれてきた探究であり，学びであると考えられます。

② 子どもの主体的な学びを支える評価

　このような子どもたちの主体的な学びが生まれてきた傍らには，子どもたちが，何に興味や関心をもったり，どこにおもしろさや不思議さを感じているのかなどを，目の前の子どもの姿から丁寧に捉え，それらを共に驚いたり，おもしろがったり，不思議がりながら，

そのプロセスや経験の意味を大切に味わい，支えてくれる保育者のまなざしや関わりがあったことに気づかされます。「教える対象」として子どもを見ているときには，「教えるべきこと（＝教育目標）」に照らし合わせて，その達成度を測るというような評価（到達度評価）によって子どもを捉えがちになりますが，子どもを「応答する対象」として捉え，その主体的な学びを支えていこうとすると，そのような外的な評価基準に即して測る評価ではなく，子ども自身の姿（発見や試行錯誤など，その子なりに対象と対話している姿）のもっている意味を丁寧に見出し，味わうまなざしが求められます。そのような子ども理解にもとづく評価こそが，子どもたち自身の探究を支え，さらには，それを互いにもっと大切にしていこうとする（さらなる探究へと深めていく）姿へとつながっていくのです。

　そのように考えると，「幼稚園教育要領」や「保育所保育指針」「幼保連携型認定こども園教育・保育要領」において示されている「幼児期の終わりまでに育ってほしい10の姿」や，5領域の「ねらい」や「内容」も，決して，子どもたちがそれらを達成しているかどうかの度合いを測ったり，評価するための「達成目標」や「教育目標」ではなく，いま目の前の子どもたちの姿から，どのような学びや育ちが見えてくるのか，それを探っていくための手がかり（視点）の一つとして理解し，活用していくべきものだと思われます。そうした多様な視点から幅広く子どもたちの学びの過程を捉え，味わいながら，日々の自らの保育を振り返る積み重ねこそが，子どもたちの主体的な学びを支える保育の創造には欠かせないものなのではないでしょうか。

→5　松下良平は，このような評価を「鑑識眼的評価」と呼び，「教えなくてもなされる主体的な学び」を可能にする評価の在り方を示唆しています。詳しくは，松下良平「教育的鑑識眼研究序説」天野正輝（編）『教育評価論の歴史と現代的課題』晃洋書房，2002年を参照してください。

→6　10の姿や領域の捉え方については，本書第2章も参照してください。

Book Guide

・津守真『保育者の地平──私的体験から普遍に向けて』ミネルヴァ書房，1997年。
　一人一人の子どもたちを尊厳ある一人の「他者」として捉え，その行為の「意味」を丁寧に読み解き，保育者として応えていく「応答的なまなざし」の深さに感銘を受ける一冊です。
・西隆太朗『子どもと出会う保育学──思想と実践の融合をめざして』ミネルヴァ書房，2018年。
　一人の人間として子どもと出会い，子どもと共に育っていくための保育者の在り方や，省察の深まりの過程について，倉橋惣三や津守真らの思想を丁寧に読み解きつつ，多様な子どもの具

体の姿に即して考察している本です。子どもと出会う自分自身のまなざしや在り方について考えさせられます。

Exercise

1. 幼稚園や保育所，認定こども園などの保育施設での子どもたちの遊び場面を記録した映像を見て，その場面において（その遊びを通して），子どもが味わっていること，おもしろがっていること，経験していることは何かを探ってみましょう（ポストイットに書き出してみてもいいでしょう）。そして，あなたが発見した子どもたちの経験内容や学びについて，数人のグループに分かれてグループディスカッションをしてみましょう。
2. 1 において見出された子どもたちの経験や学びを生み出している保育者のまなざしや環境構成，援助などについても話し合ってみましょう。

第 4 章

指導計画の作成の理解

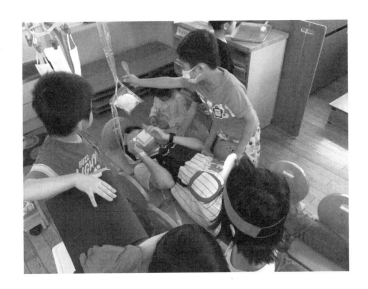

この写真は，年長で流行ったお医者さんごっこの一場面です。患者である
保育者にはすでに酸素マスクがつけられ，点滴もされています。医師役の
子どももマスクをつけ，手にはメスではなく，スプーンを持っています。
このような遊びが起こってくるためには，これまでの園生活のなかで，子
どもたちにどんな経験があったらいいのか，また，このような遊びがさら
に続いていくためには，保育者はどのような援助を考えればいいのか等に
ついて，自由に語り合ってみてください。

この遊びは，テレビドラマの影響から始まった遊びです。どうしても手術場面がしたかったようで，点滴や酸素マスクなどが，子どもたちの手で，廃材を使ってすぐにつくられていきました。写真ではよくわかりませんが，左手前の黒い部分はモニターになっていて，血圧などの動きなどがわかるようになっています。

　今回の幼稚園教育要領や保育所保育指針等では，遊び込むことが重視されました。ただし，子どもたちが写真のように，自ら主体的に遊び込むようになるためには，保育者はただ見守っていればいいということではありません。

　廃材を使ってイメージを実現する力や，子ども同士，協力して遊びを進める力など，これまでの生活のなかで，遊び込むための経験を重ねてくることが必要です。また，このような遊びが起こったときに，どのようにこの遊びが展開していくかを予想し，保育者の思うようにならなくても，何らかの環境を用意するなど，遊びに対する関わり方をいくつか用意しておくことも保育者の重要な役割です。

　これまで「指導計画」というと，どうしても保育者が計画して，子どもにやらせるというイメージが強くありました。ただ，今回の幼稚園教育要領や保育所保育指針等の改訂（定）では，子どもの姿を大事にした指導計画が求められています。その基本的な考え方を，この章では学んでいきます。

1 指導計画の考え方

❶「保育」のなかにある「指導」という言葉

みなさんは,「保育」という言葉にどのようなイメージをもちますか。また,「指導」という言葉はどうでしょうか。それぞれの言葉について考え合ってみましょう。

▶1　このような誤解がおきないように,「指導計画」という言葉ではなく,「保育計画」や「保育のデザイン」などの言葉が使われることが多くなってきています。ただし,新たな幼稚園教育要領や保育所保育指針,幼保連携型認定こども園教育・保育要領のなかの文言は「指導計画」としていますので,ここでも「指導計画」という言葉を使うことにしますが,その意味を注意深く捉えたうえで使うことにしましょう。

みなさんは「保育」と「指導」という言葉について,どのように考えたでしょうか?　保育のなかで「指導」という言葉を使うことには,どこか違和感をおぼえる人もいることでしょう。一般的に「指導」というと,教師が子どもに対して何か「できるようになる」ことを目的にして「教える」ことと理解されています。しかし,保育では,子どもが「できるようになるため」に指導をするというのは,かなりニュアンスが違うように感じませんか。保育のなかでは,「指導」というよりも,「援助」や「環境構成」という言葉で考えるほうがすっきりとします。それは,子どもを主役として考えるからかもしれません。そうすると,「指導計画」という言葉も,「教える計画」や「保育者が何かするための計画」という意味ではなく,[1]「子どもたちが」園で過ごすときの見取り図や未来予想図というように考えられるかもしれません。子どもと一緒に,「子どもたちが」主体的に「子どもたちで」「子どもたちから」関わって,よくなる未来をつくっていくもの(計画)ということになるでしょうか。

❷「計画」の必要性

次に紹介するエピソードは,私が保育者として3〜4年目の頃の話です。私は保育者になって以来,ずっと「指導計画」について

迷っていました。指導計画を立てると，そのとおりに進まないと気になりますし，そうかといって，計画どおりに進みすぎると，子どもの自由な発想が保障できていないような気がして，こちらも気になります。そのような迷いのなかで試行錯誤する保育者のエピソードです。

Episode 1 　　　遊びが続かない

　私はある時期，保育室の環境は材料や場だけをおおざっぱに整えておくだけで，行事以外の計画は細かく立てないように意識していました。子どもたちには，遊びや活動を自由に自分で選び取って決め，考えて遊んでほしいと思っていたからです。

　子どもたちがたっぷり遊ぶために，10時頃に行う習慣だった「朝の集まり」もやめました。子どもたちは自由に時間を使って好きなことをして遊んでいて，とてもいいような気がしていました。

　しかし，次第に遊びがあまり進展していかないことに気づきました。泥のチョコレートづくりも広告紙の鉄砲づくりも，あと一歩，その先がおもしろくなっていきそうなのに，なぜか続いていかないのです。私は，手を出したくなる気持ちを抑え，子どもたちが自分たちで何か考えて工夫してくれることを願っていましたが，遊びは一向に長続きしません。そこで私は，しばらくの間，遊びを片付けないでおくことにしました。すると，翌日は「遊びの続き」の状態をきっかけに始めることができて，おおいに盛りあがりました。

　ところが，盛りあがったのも束の間，やがて子どもたちは別の遊びに移っていき，遊びかけの状態があちこちに散在している状況になってしまいました。

　さて，このエピソードを読んでみて，みなさんはどのような感想をもったでしょうか。

① 保育者の思いと子どもへの願い

　私が反省を込めてみなさんと一緒に考えたいポイントは，まず，「子どもが自由に自分で」という点です。保育者（私）は「子どもたちが自由に自分で考え自分で決める」ことにこだわりました。それで，子どもたちの遊びについて具体的な手立てを何も考えていませんでした。考えるのは子どもたちだと思っていたからです。材料も場も時間も確保しましたし，子どもたちの発想や自由な考えを尊重するという気持ちで一杯です。それなのに，子どもたちの遊びは停滞しているように感じるのはなぜだったのでしょう。

　次に，考えたいポイントは，「子どもの遊びとは何か」という点です。保育者は，泥のチョコレートも広告紙の鉄砲もあと一歩足り

ないという感想をもっています。そして，その先に進展がないと感じています。遊びが「続く」ように片付けないという工夫も取り入れましたが，遊びの進展にはつながりません。何がいけなかったのでしょう。

「子どもたちが自由に自分で」ということを大事にすることは，保育のなかでは基本的なことです。それを保障するために，習慣的に行ってきた「朝の集まり」をやめてみた努力は我ながら天晴れなのです。それに，遊びが続いていく工夫も，子どもの遊びを大事にしている点で考え方としては間違っていないと思います。しかし，このとき保育者である私は，子どもたちが広告紙の鉄砲で遊ぶことを楽しんでいるのかつくることを楽しんでいるのか，泥のチョコレートの何を楽しんでいるのか，本当はよくわかっていなかったのです。子どもたちはどこに興味をもって，何に瞳をキラキラさせているのかをよく見て想像することができたなら，子どもたちが次にやろうとしていることがわかってくるはずです。私には，子どもたちの思いに応答的にアクセスできておらず，子どもたちとの遊びのその先を楽しむための「応答的な想像力」が足りなかったのです。

② 生活を見通すこと

みなさんと一緒に考えたいことの最後は，「計画は必要か」ということです。子ども主体の自由な生活のなかでも，秩序や子どもたちの健康が守られ，育ちの道筋が示されることは，とても大切です。一瞬一瞬の子どもの姿への対応をするためにも，一日の流れや，行事への運びなどを見通すということも大切です。園での生活のなかで，子どもたちが無理なく過ごせるような生活の流れをイメージし，そのなかで個々が尊重され，協同的な活動もあり，静と動のバランスなども考えておくことは必要です。また，年齢による大まかな流れや，季節，1年間の流れ，あるいは3年間，6年間の保育の流れの見通しがあることによって，その時期の保育の在り方を捉えることができます。達成するための目的ではなく，そこで何を経験してほしいかを考えたとき，そこに至るまでの過程のなかには，大きな見通しをもって保育を行うことも大切になってくるのです。

③ 子どもにとっての必要性

保育における計画とは，「資源（リソース）」だと考えられます。

明日の保育について，あらゆることを考え，イメージし，準備をしておくことは大切です。しかし，そこで準備されるものをどのように活用するかは，子どもが決めるのです。そしてさらに，応答的に子どもと共につくり出す保育になっていくために，計画は，その時々の子どもの姿に合わせて，刻々とアップデートされる柔軟な計画であることが求められるのです。

よく，実習生が指導計画を立てて，指導案のとおりに実習が行えると「成功した」と言い，指導案からズレたりすると「失敗した」と反省したりします。子どもの姿を想定することが十分でなかったことで「うまくいかなかった」と感じることは必要かもしれませんが，予定調和の劇をするように保育をして，指導案のとおりに子どもたちが従ってくれたとしたら，子どもたちは保育者である実習生に合わせてくれていたのかもしれませんし，子ども自身が自分を表現することができない指導案だったのかもしれません。そうだとしたら，むしろ，そのほうが「失敗」でしょう。保育は誰のものでしょうか。「指導計画」も子どもたちにとっての必要感がなければ，ただ従わせるだけのものになってしまうのかもしれません。あなたの「指導計画」は，子どもたちが活き活き楽しんでいる姿が想像できますか。それは，指導計画が大きな計画でも小さな計画でも同じです。保育者は，思い浮かべた子どもの姿に語りかけながら計画するのです。

2 長期の指導計画と短期の指導計画との関係性

❶ 教育課程（全体的な計画）と指導計画

園には，保育の全体を見通した「教育課程」や「全体的な計画」があります。これは，保育所保育指針，幼稚園教育要領，幼保連携型認定こども園教育・保育要領を基本に据えつつ，それぞれの園が子どもたちに育ってほしい姿を保育の柱として示すものです。これは，それぞれの園文化や地域性などによって各園の特徴が表れる部分でもあり，これをもとにして園独自の「指導計画」が立てられる

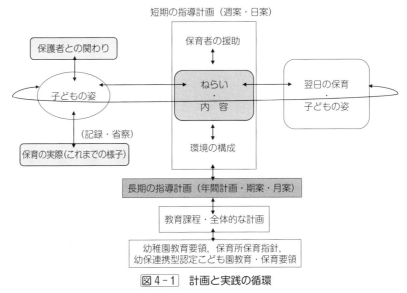

図4-1　計画と実践の循環

→出所：筆者作成。

のです。

　指導計画には長期の計画と短期の計画があります。長期の指導計画には，年間指導計画・期案（期ごとの指導計画案）・月案（月ごとの指導計画案）があり，短期の指導計画には週案（週ごとの指導計画）・日案（一日の指導計画）があります。また，計画のなかには，一日のなかのある部分を取り出して，部分的な指導計画や個人の指導計画を立案する場合もあります。

　「指導計画」を立てるうえで基本となるのは，もちろん，子どもの姿です。子どもの姿は，保育の実践のなか，保護者との関わりのなかから理解し，それを記していきますが，実際の「指導計画」と実践についての関係は図4-1のように捉えることができます。

❷ 短期の指導計画（日案・週案）

　基本となる子どもの姿は，日々の保育の生活のなかにあります。個々の子どもの記録，遊びごとの記録，子ども同士の関係の記録，エピソードの記録，保護者とのやりとりの連絡ノートなど，さまざまなかたちで保育者は日々の生活を記録に残しています。それらが子どもの実態の把握のためには不可欠で，これらをもとに日案や週案を立案するのです。

　日案や週案には，定まった様式があるわけではありませんから，

園や個々の保育者単位で工夫して書くことが必要です。保育の流れと保育者の行動とを見通すためには，時系列で日案を書くことが有効ですが，項目ごとにポイントを絞って書くことでも充分です。大切なことは，今日の子どもの姿から，その少し先の子どもの姿が想像できることです。

❸ 長期の指導計画（月案・期案・年間計画）

　長期の計画には，月案・期案・年間計画があります。園によっては，期案と月案の両方を立てているところもありますが，どちらか一方を立てていることが多いようです。保育者にとっては，月ごとに園内の話し合いで，翌月の各年齢や各クラスの計画を共通理解しやすいことや，園だよりを月単位で出すことも多く，月案のほうが書きやすいということもあるようです。

　それに対して，期案は子どもの一般的な発達の節目を捉えて，いくつかのまとまりを期に区切って作成されます。その点で，より子どもの発達に即した計画を立てることができるというメリットがあります。期の分け方については各園の地域の実態や季節（四季），行事，あるいは子どもの生活や発達の状況，そして，それらを捉える視点によって異なってきます。

　年間指導計画は，入園から卒園までの各年齢の園生活を見通した内容です。子どもたちとどのように生活し，どのようになってほしいかという保育者の願いをもって一年間の保育の展開をイメージして作成します。年間計画は，一年間の子どもの生活や発達のプロセスを，ある程度見通したものであることが必要な反面，一年間という長期の計画のなかでは，現実の子どもの実態とズレが生じてくることがあります。年間計画も一度作成したら完成というわけではなく，短期の計画と往還させながら，見直し調整していく必要があります。

　また，長期の計画を立てるなかでもっとも子どもの姿と関わりが深いのは，季節です。子どもが実際に生活する背景として季節が果たす役割は大きいです。保育の内容を展開するうえでも，保育者は常に季節のことを考えています。季節は長期の計画のなかにありながら，日々の生活や保育内容，環境のなかに入り込んでいる大切な要素でもあります。季節（四季）は一年という時のめぐりを知らせ

てくれます。季節に応じた伝統的な行事や，入園・卒園といった園生活の節目や区切りになる行事は季節と共にあります。また，日々に読まれる絵本やお話は季節や行事と関連させて選ばれますし，季節を植物や食べ物から感じ，子どもたちの遊びや生活は季節を自然のなかで感じ，関わりながら展開されているのです。

3　具体的な子どもの姿から指導計画を作成する手順と配慮点

❶「指導計画」の作成手順

　保育は環境を通して行うことが基本とされています。なぜならば，子どもが主体的にモノや人と関わるなかで育つことが乳幼児期の大事な学びと捉えられているからです。子どもたちは，その環境に主体的に関わり自らの遊びを深めていきます。そして，保育者は自らの思いや意図（ねらい・目標）を環境のなかに込めつつ，時に子どもの遊びや生活が進展するよう援助をします。

　「保育は環境を通して行う」ということの奥には，子どもが自ら主体的に環境に関わるから，つまり，子どもが保育の中心にいるからということがあります。「保育を行う」というと，「保育者」が主語になりますが，保育の中身の主語はいつも「子ども」であることを確認しつつ，「指導計画」の作成手順を見ていきましょう。

　「指導計画」の作成手順は次のようになります。

(1)子どもの姿・実態を理解し把握する。
　　ＡちゃんやＢくんは実際にどんな遊びを楽しみ，その遊びのおもしろみや，展開はどのようなものでしょうか。代表的な事例や姿も簡単に記します。
(2)子どもの実態に応じた「ねらい」と「内容」を立てる。
　　「ねらい」は，(1)の具体的な子どもの事例や姿から，遊びの進展や課題に感じることなどをもとに，少し先の子どもの姿として記し，保育者の子どもの育ちへの思いや意図を込めます。「内容」は，その「ねらい」をかなえるような具体的な活動を考えます。

(3)日案，週案のなかに落とし込む。

一日や週のなかでどのように「内容」が運ばれるのかを時系列や日程のなかで計画します。

(4)案のなかで過ごす子どもたちの姿・行動を予測する。

計画された案のなかで過ごす子どもを具体的に想像してみましょう。それに沿って修正も必要です。

(5)環境の構成や援助を想定して準備する。

計画のなかの予想される子どもの姿に合わせて，子どもが自ら関わりたくなるような環境を整え，想定される援助も考えます。

実習生などは，これを日案として時系列に書くことが一般的です。実習生や新任の保育者にとっては，一日の流れや保育者がいつ何をしたらいいのか明確に書き記すことができるので便利な方法と言えるでしょう。しかし，肝心な子どもの姿を細かく書くことが難しくなってしまい，子どもを集団として捉えて活動するときには有効ですが，自由に子どもたちが遊びを選んで過ごす場面では，一人一人の子どもを想定する立案にはなりづらいと言えます。

それでは，子ども一人一人の姿が生き生きと見えてくるような指導計画にするには，どのようにしたらいいのでしょう。子どもたちのつぶやきや，ふとした行動から保育が展開するような子ども主体の保育のまるごとを計画のなかに記せないものでしょうか。

❷ 保育ウェブでの記録と指導計画

① 保育ウェブでの記録とは

保育ウェブとは，子どものしていることやつぶやき，それに対する保育者の行為や環境構成などを数珠つなぎに書いていく手法です。部分的な遊びの流れが見渡せ，クラスや学年などその書いている範囲の全体も見渡すことができるのが特徴です。

保育ウェブでの記録の手順を一例として簡単に説明しましょう（ウェブの実際については，後で示します。図4-2〜図4-4参照）。まず，子どもたちがしている遊びや取り組みで代表するものをテーマとして書きます。そこから，実際の子どもの姿をつぶやきや行動で，ひもづけて書いていきます。そこに保育者が援助したことがあれば，囲み線の形を変えたり，色を変えたりして書きます。さらに，遊び

が進展している様子も子どもの姿と共に書き足していきます。そこで新たな遊びが発生したら，元の子どもの姿にひもづけてつないで書きます。これを，一日単位や数日単位，週単位などで記録を進めると，遊びを核にして子どもの行為やセリフ，子どもたちの関係が広がり，つながる図が見えてきます。この記録では，遊びが新たな遊びを生んだり，これまでの馴染みのある遊びと思わぬところでつながったりすることにも気づかされます。

　この記録のよいところは，一人で書くばかりでなく，いろいろな人が気軽に書き足せるところにあります。ワイワイと今日の保育を振り返って話をしながら書き加えていくことで，保育者同士のコミュニケーションにもなり，自分だけでは見ることのできなかった子どもたちの姿を，知ることができるかもしれません。保育所やこども園などでは保育者のシフトが異なると，話し合いの機会がなかなか取れないこともありますが，書き方のルールを共有しておけば，それぞれのタイミングで記録を記入することが可能になります。

② 保育ウェブで指導計画を作成するとは

　これまで，指導計画を作成するときにはエピソードや，一人一人の個人記録をもとに，とぎれとぎれの情報から書き起こすことが多く，大変さがありました。

　しかし，保育ウェブの記録では，子ども同士のつながりや，遊びとの関係，そして，そこに関わる保育者の援助が一目でわかります。また，記録された子どもの姿から次に起こりそうなことがイメージしやすく，予測される子どもの姿をもとの記録につなげて破線で書けば，次の手立てとしての援助もイメージしやすく，容易に浮かびあがってきます。つまり，「記録」の延長線上に「計画」があり，予測したことにつなげて現実に起こった内容を書き加えていけば，さらに次の「記録」になっていくのです。

❸ 具体的な子どもの姿から保育ウェブで指導計画を作成する

① エピソードをウェブ式記録へ

　実際に保育ウェブでの指導計画を作成してみましょう。子どもの姿をタイムリーに記録と計画に移していくという保育ウェブの特性

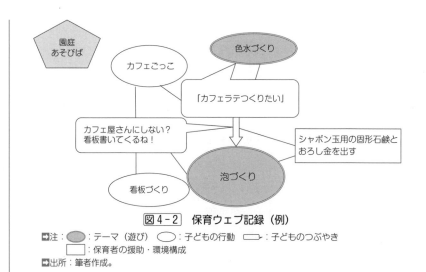

図4-2 保育ウェブ記録（例）

➡注：⬭（網掛け）：テーマ（遊び）　◯：子どもの行動　▭：子どものつぶやき
　　　▭：保育者の援助・環境構成
➡出所：筆者作成。

を活かし，短期（週日案程度）の計画で，子どもたちが自由に選択して遊んでいる場面を計画することにしましょう。

　まずは，次のエピソードから子どもの姿をつかみ，保育ウェブに記録してみましょう。

Episode 2-1　色水からカフェ屋さんへ

　ある日，年長の女の子たちが園庭の「あそびば」で色水づくりをしていました。きっかけは，ヒロコの「カフェみた～い！　これ，カフェラテにしたいな」という言葉でした。近くにいた田中先生はその言葉に応じて，手洗い用のレモン石鹸を削り，「これ，泡にならないかな」と言ってヒロコに渡しました。ヒロコは受け取った粉の石鹸をコーヒー色になった色水のなかに入れ，遊び用に出された小さい泡だて器でかき混ぜてみました。すると……，色水が見事に泡立ちました。「カフェラテ！」。ヒロコの瞳は輝いて，満足気です。それをとなりで見ていたアヤカとサトミが「つくりたい，つくりたい！」と言うと，ヒロコは，「ねえ，カフェ屋さんにしない？」と言いました。ヒロコたちは「カフェ屋はじまります」というチラシと，「カフェ屋さん」という看板をつくり，「あそびば」と書かれた看板の隣に飾ると，せっせと泡づくりに専念しました。

　上記のエピソードをウェブ式に記録したのが，図4-2です。この保育ウェブ記録で「泡づくり」のエピソードを読み直してみると，エピソードの内容が簡素化したような印象ですが，むしろ，色水からカフェ屋さんへという遊びの経過はよく見えます。

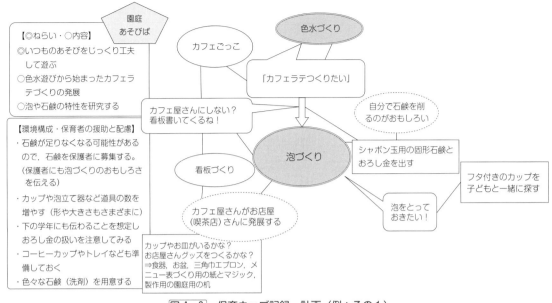

【◎ねらい・○内容】
◎いつものあそびをじっくり工夫
　して遊ぶ
○色水遊びから始まったカフェラ
　テづくりの発展
○泡や石鹸の特性を研究する

【環境構成・保育者の援助と配慮】
・石鹸が足りなくなる可能性がある
　ので，石鹸を保護者に募集する。
　（保護者にも泡づくりのおもしろさ
　を伝える）
・カップや泡立て器など道具の数を
　増やす（形や大きさもさまざまに）
・下の学年にも伝わることを想定し
　おろし金の扱いを注意してみる
・コーヒーカップやトレイなども準
　備しておく
・色々な石鹸（洗剤）を用意する

園庭
あそびば

カフェごっこ

色水づくり

「カフェラテつくりたい」

カフェ屋さんにしない？
看板書いてくるね！

自分で石鹸を削
るのがおもしろい

泡づくり

シャボン玉用の固形石鹸と
おろし金を出す

フタ付きのカップを
子どもと一緒に探す

看板づくり

泡をとって
おきたい！

カフェ屋さんがお店屋
（喫茶店）さんに発展する

カップやお皿がいるかな？
お店屋さんグッズをつくるかな？
⇒食器，お盆，三角巾エプロン，メ
ニュー表づくり用の紙とマジック，
製作用の園庭用の机

図4-3　保育ウェブ記録・計画（例：その1）

▶注：⬭：テーマ（遊び）　◯：子どもの行動　⇨：子どものつぶやき　▭：保育者の援助・環境構成
　　　⬭：予想される子どもの姿
▶出所：筆者作成。

② 保育ウェブの記録から保育ウェブでの指導計画へ

　田中先生から事のなりゆきを聞き，保育記録を見た鈴木先生は，保育者の援助と環境構成を計画しました（図4-3の▭の部分）。保育者によって適当な環境構成が行われたなかで，ヒロコたちはどのように遊ぶのか，想像力を働かせて予測される子どもの姿が図4-3の破線で囲った部分です。準備されたものも▭で囲った保育者の援助の部分に書かれているので，子どものどの姿にどのような援助を想定しているかがよくわかります。この保育ウェブ記録に付け足したように書いた部分が，計画です。この計画部分の子どもの姿が実現したときには，破線を実線でなぞり，記録へとアップデートされます。

　そこでは，破線で描かれなかった想定外の遊びも起こります。

③ 子どもがおもしろがっていることが見えてくる記録と計画に

Episode 2-2　「カフェ屋さん」という泡づくり

　翌日，田中先生から事のなりゆきを聞いていた鈴木先生は，子どもたちの「カフェ屋さん」に合うようにと，カップやおぼんになりそうなもの，お店屋さんや喫茶店のイメージで何か使えそうなものを

「カフェ屋さん」の近くに出しておきました。しかし，彼女たちはそれにはまったく見向きもせず，ひたすら泡をつくるばかりでした。しかも，泡の色は絵具で色づけてカラフルになっています。

　そしてさらに翌日，とっておいた泡を見てみると，泡が生クリームのようになっていました。子どもたちはびっくり。今度は生クリームづくりに夢中になるのでした。

　この後，子どもたちは何度も何度も泡立て器で泡を立てます。石鹸と色水の量を調節し，家から持ってきた石鹸と園のレモン石鹸の泡立ち方の違いなど，まるで実験をしているかのように発見していきます。その様子を見て，保育者は子どもたちがおもしろがっていることが自然と見えてきました。ここまでが，図4-4です。

　子どもが知ろうとすることに積極的に，応答的に関わることが子どもの遊びからの学びをさらに増やしていくと言われています。保育ウェブの記録と計画では，まさに子どもの姿に「応答的」なものになっていくことがわかります。ただ，計画に落とし込むとなると応答的な関わりでは，どうしても計画が後追いになる印象を受けます。しかし，保育ウェブの記録を見てみると，応答的に関わると同時に次なる環境による支えを考えており，保育ウェブに現れる全体を包括的に見て即時的に判断していると考えることができます。

　また，じっくりと準備しなくてはならないことなどについては，子どもたちと保育ウェブを共有しながら，次の準備を共に考えていくようにすれば，その計画は決して後追いではありません。計画自体が，保育の活動のなかに組み込まれていく，子どもたちとつくりあげる保育になるでしょう。

④ 保育ウェブの記録と指導計画作成の配慮点

　保育ウェブの記録では，簡単な図のような記録であるにもかかわらず，子どもの興味，保育者の応答的・積極的に関わるタイミング，拾った子どものつぶやき，そして，遊びの経過や進展とともに動き変化する子どもの気持ちも見えてきます。また，保育記録と計画が同じ紙の上で繰り返し付け加えるように記録されていくので，これまでの指導計画のなかでは難しかった，保育の即興性が臨場感をもって表現できると思います。

　子どもが何かを探し求めているプロセスのなかで，偶然を待つだけでなく，子どもと一緒に考える「探索計画」のようになっていくので，計画に子どもを引き寄せようとする「伏線を張るような関わ

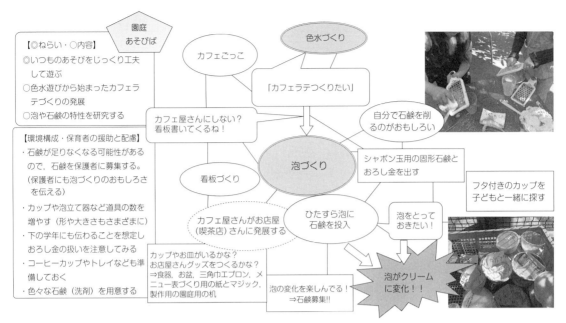

図中の内容：

園庭あそびば

【◎ねらい・◎内容】
◎いつものあそびをじっくり工夫して遊ぶ
◎色水遊びから始まったカフェラテづくりの発展
◎泡や石鹸の特性を研究する

【環境構成・保育者の援助と配慮】
・石鹸が足りなくなる可能性があるので，石鹸を保護者に募集する。
（保護者にも泡づくりのおもしろさを伝える）
・カップや泡立て器など道具の数を増やす（形や大きさもさまざまに）
・下の学年にも伝わることを想定しおろし金の扱いを注意してみる
・コーヒーカップやトレイなども準備しておく
・色々な石鹸（洗剤）を用意する

カフェごっこ

色水づくり

「カフェラテつくりたい」

カフェ屋さんにしない？看板書いてくるね！

自分で石鹸を削るのがおもしろい

泡づくり

シャボン玉用の固形石鹸とおろし金を出す

フタ付きのカップを子どもと一緒に探す

看板づくり

カフェ屋さんがお店屋（喫茶店）さんに発展する

ひたすら泡に石鹸を投入

泡をとっておきたい！

カップやお皿がいるかな？
お店屋さんグッズをつくるかな？
⇒食器，お盆，三角巾エプロン，メニュー表づくり用の紙とマジック，製作用の園庭用の机

泡の変化を楽しんでる！
⇒石鹸募集!!

泡がクリームに変化！！

図 4-4　保育ウェブ記録・計画（例：その 2）

注：⬭テーマ（遊び）　◯：子どもの行動　➡：子どものつぶやき　▭：保育者の援助・環境構成
⬭（点線）：予想される（実現していない）子どもの姿　✶：思いがけない出来事・予想していない子どもの姿
出所：筆者作成。

り」から「何かが起こるような関わり」になっていくことが感じられます。子どもが遊びこんでいる姿から，次に起こるかもしれない可能性を探ることは，子どもと一緒に探索しているようで楽しいですよね。保育者も子どもと一緒に心を動かしていますから，援助や計画の変更・修正のタイミングもつかみやすいでしょう。

　一方で，テーマに沿って子どもの活動やつぶやきを追っていくと，その活動に入っていない子どもたちが（入れないのではなく，自ら入らない場合もある），記録からこぼれたり，課題とみなされたりしてしまうことがあります。遊びのなかに入らずとも，心を動かしている子どものこともちゃんと記録されるよう考え，工夫をしましょう。記録に載らない子への環境構成や保育者の援助が，園のなかでいつも話し合われるためには，ポートフォリオのような個人個人の記録を併用して指導計画に取り入れることも必要なのかもしれません。記録のなかに見えてこない子どもたちにとって，大きな枠組みでの環境構成は重要です。保育者が取り上げたテーマに，一見関わっていないように見えるけれどそっと静かに楽しんでいる子どもたちにとって，それは何かが巻き起こるための種，資源となるものだからです。

4 指導計画の評価の考え方

❶ 保育のなかの「評価」とは

　指導計画を作成したら，その指導計画に対して実践はどうであったのか，後で反省・評価を重ねることを通して新たな計画につなげることが求められています。保育所保育指針においても，一人一人の子どもの理解のうえ，適切な環境を整え子どもが主体的に活動できるように指導計画が作成されることが求められており，その展開について，「保育士等は，子どもの実態や子どもを取り巻く状況の変化などに即して保育の過程を記録するとともに，これらを踏まえ，指導計画に基づく保育の内容の見直しを行い，改善を図ること」（第1章「総則」3「保育の計画及び評価」の(3)「指導計画の展開」のエ）と記されています。また，これに続けて(4)では「保育内容等の評価」として，「保育士等の自己評価」と「保育所の自己評価」について，さらに(5)では「評価を踏まえた計画の改善」というように「評価」について記されています。評価について，多くの解説書や研修会などで，「計画→実践→評価→改善」の循環のなかで保育の向上を図るという，「PDCAサイクル（Plan〔計画〕→ Do〔実行〕→ Check〔評価〕→ Act〔改善〕）」を取り上げて説明されています。

　そもそも，PDCAサイクルは産業社会のなかで生産技術における品質管理を継続的に改善するための手法です。業務が計画（Plan）に沿って実行（Do）されているかどうかを点検（Check）し，設定された目標に到達しない問題点を見つけ，改善（Act）につなげるというサイクルであり，生産技術の確実な品質管理のためのリスク低減を目指して確立されたシステムです。偶発的で思いがけないことが起こる保育の現場は，不確実な状況にあふれています。子どもが起こす不確実さは，子どもたちの発見やひらめきに付随していますから，むしろ楽しみなことでもあります。このような不確実性をCheck（評価）し，Act（改善）することのないようにと思います。不確実さも計画のなかに入れ，そのなかで生き生きと子どもた

2　ここでの「省察」と
は，保育のなかで保育者が
準備した環境や援助が適当
であったかなどを，子ども
の姿を通して振り返り考え
ることとします。

ちが遊びを発見できる環境を想定する計画のもと，「省察」という
かたちで「評価」が行われることを望みます。保育の省察が子ども
の姿を生き生きとさせ，それが次の計画に反映するものになって使
われることが大事であると考えます。

　評価の考え方のなかで，確認しておきたいことがもう一つありま
す。それは，Check の部分です。もちろん，保育所保育指針のな
かでは保育をする「保育者」や「保育所」についての評価としてお
り，子どもを評価の対象にするようなことはないはずなのですが，
保育を振り返るときに参照する子どもの姿をどう考えるのかによっ
ては，計画どおりに進めること，計画のなかにある子どもの姿に近
づけることが大事にされる保育になっていく場合があります。決し
て，子どもの姿が計画どおりに，自分の想定どおりになっているこ
とをチェックすることのないようにと思います。

❷ さまざまな省察の方法

　自分の保育を振り返る省察の方法はさまざまなかたちで行われま
す。そのなかでも記録を丁寧に振り返ることはとても大切です。し
かし，記録だけではなく，降園後に掃除をしながら今日の保育のな
かでの子どもの姿を思い返すことや，同僚の保育者に保育のなかで
の出来事を話すこと，あるいは園内研修でクラスの子どもについて
話す場なども重要な省察のときとなります。このような場を通して，
子どもの具体的な姿を思い起こす習慣をつけることが大切です。

　記録の方法もさまざまです。保育日誌はもちろんですが，日々の
連絡ノートも個々の子どもの生活の記録として生かしていくことが
できます。保護者との連携の手段とすると同時に，子ども理解を深
める手段としても活用していくことが大切です。また，記録された
子どもの姿や保育者の援助をもとに，同僚や保育仲間とカンファレ
ンスの時間をもつことも有効です。異なる視点から子どもの姿を見
つめなおす手立てにもなります。

3　カンファレンス
　一般的に会議，協議，会
談などを指しますが，ここ
では保育のなかで行われる
話し合い，特に子どものこ
となどテーマをもって行わ
れる振り返りや事例研究な
どを指します。

　以上のようなさまざまな方法を通して，保育を振り返り，明日の
保育に生かしていこうとする意識が大切です。

　保育のなかで省察を繰り返すことは，保育者自身が自らの保育を
「評価」する行為です。省察（自らの保育の評価）を手立てに，明日
の保育を豊かにしていくのです。

❸ 日々の保育の深い学びを支えるもの

　小学校以上の学校教育では，子どもたちの深い学びのためにアクティブ・ラーニングでの「学び合い」が，新学習指導要領の要として求められています。小学校以上の学びでは，教科ごとに授業が行われることで，生活のなかの実感として，学びを感じられることが少ないのかもしれません。しかし，保育・幼児教育の場では，学びは生活や遊びのなかで感じられ，さまざまに状況のなかに結びついて存在しています。生活や遊びから引きはがして学ばせようなどとしたら，それは「保育」ではありませんし，乳幼児期にふさわしい学びにはならないでしょう。

　4歳児のたかこちゃんは，「せんせい，たかこね，冬はぐるぐる滑り台，怖いんだよね」と言います。私が「どうして？」と聞くと，「夏は遅いんだけど，冬は速いんだよ」と言うのです。身体を動かしながら，何とも科学的なことを発見しています。夏は，湿気があったり，身体に汗をかいていたりするので，ゆっくり降りることができるのですが，冬は乾燥しているので，すべり台もたかこちゃんの靴の裏も身体もサラサラで，スピードが出るのです。私も，何となく体感してはいましたが，たかこちゃんに言われて本当に意識しました。そう気がついてみると，すべり台を速く滑りたいときに，のぞむくんはすべるところにサラサラの砂を上から落としています。さまざまなことを試しながら体験的にいろいろなことを学んでいるのです。友達がするのを見ながら，モノや人と関わりながら，自ら学びとっているのです。そう考えると，保育のなかではさまざまな学びが垣根を越えてもともと備わっていると言えます。しかし，これまで述べてきたとおり，保育では自然や状況にまかせたままにするのではなく，全体的な計画や日々の計画のもと実践され，省察され，次の保育へそれがつながっていくことを大事にします。とりわけ，省察を大事にするのはなぜでしょう。

　もしも，保育の全体的な計画が子どもたちに育っていってほしい「未来社会への願い」だとするなら，その全体的な計画は，子どもたちが園や地域社会のなかで，影響し合いながら感染するかのように育ちゆくその道筋を描くことであるとも言えます。それは，人間の育ちの根っこから大人になっていくまでをなめらかにゆるやかに

進めていくための手立てにならなくてはなりません。

　すべり台をすべるとき「夏は遅いけれど冬は速い」ことを発見したたかこちゃん。そんなたかこちゃんの発言（発見）を受けて，夏の暑い時期に，いつもは幅の広いまっすぐのすべり台で時々やっているウォータースライダーを，たかこちゃんが発見した例の（石でできた）ぐるぐるすべり台でもやってみることにしました。ホースで水を勢いよくぐるぐるすべり台の上から流してみます。すべり台の座面の石が太陽の熱で熱くなっていたけれど，水の冷たさで気持ちよく滑ることができました。その感覚とともに，たかこちゃんはするりと水の流れと一緒に落ちていく感覚も経験したことでしょう。「水（の勢い）に押された」という何人かの子どもたちのつぶやきもありました。私たち大人は，ホースで流した程度の水に子どもの体重を押せるほどの勢いがあるわけではないことはわかっていますが，それを「そうじゃなくてね……」と身体と滑り台の接地面や摩擦の話をする必要などありません。それよりも，子どもの触れた身体のなかの感覚と経験が，水の気持ちよさとともに確かに身体と心に残ることを大切にしたいのです。「不思議だね」「おもしろいね」と思うことが，やがて大人になったときの学びの種になると思うからです。「そういえば，小さいときに……，あれって何だったんだろう」と。また，感覚的に経験して知っていることを生活のなかに参照して，危険を避けるようなことにもつながります。水が滑るという感覚や経験から，雨が降って濡れたタイルの上は滑りそうだというように想像できるかもしれません。

　繰り返し試してみたり，さまざまなことを比べて経験してみたり，子どもが環境や状況のなかで偶発的に知ったことから探求するおもしろさ，不思議さのなかにある真実を，経験的に（あたかも自然に）知っていくことは，乳幼児期にこそ保障されなければなりません。それを支える保育者の行為は省察的であると言えるでしょう。

　子どもも大人も瞳をキラキラさせて，保育の場が生き生きとする状況，それを支える「評価」であることが望まれます。

Book Guide

- ・汐見稔幸・久保健太（編著）『保育のグランドデザインを描く──これからの保育の創造にむけて』ミネルヴァ書房，2016年。

  保育のなかでの深い学びについて考えるとき，読みたい本です。6人の魅力的な園長先生が実践のなかから保育理論を語ります。汐見氏との対談からは，明日の実践に向けた自らの保育のグランドデザインが描けることでしょう。
- ・無藤隆・大豆生田啓友（編著）『子どもの姿ベースの新しい指導計画の考え方』フレーベル館，2019年。

  子どもの姿ベースで，指導計画を立てるときの具体的な方法や事例が掲載されています。保育ウェブを活用した指導計画が実践事例で紹介されており，保育ウェブの作成に役立ちます。

Exercise

1. 保育ウェブで記録と計画を立ててみよう。

   実際の身近な保育の場面で，自由な発想で遊んでいるエピソードを選択し，保育ウェブの記録と計画に挑戦してみましょう。子どもたちの遊びのいくつかをテーマに据えたら，その遊びがもっとおもしろくなるための保育者の援助や環境構成を書き加えます。そこから子どもたちがどんなふうに遊びを展開するのか，どのような姿が見られそうか，自由にいくつも想像して書き加えてみましょう。

   テーマ，遊び，子どものつぶやき，保育者の援助や環境構成はそれぞれ実線で形を変えて書き，想像される子どもの姿は破線で書くと記録と計画をわかりやすく示すことができます。
2. 指導計画に合った絵本を選んでみよう。

   季節や行事に合ったものを選ぶのはもちろん大切ですが，子どもたちの姿を思い描いて選びましょう。年齢（月齢），そのときの遊びや興味はどうでしょうか。また，保育者が子どもたちに向けて読む場合，子どもが自分で手にとって見る場合，保育室に環境構成として配置する場合など，場面に合わせて考えてみましょう。

第 5 章

遊びや生活を通して学ぶということ

子どもたちは砂場で遊ぶのが好きです。写真では二人の男の子が，バケツを使って，型抜きをして遊んでいます。子どもにとって，なぜ砂場は魅力的なのでしょうか？　遊びや生活のなかで何が育つのかという視点も含め，みんなで話し合ってみてください。

『人生に必要な知恵はすべて幼稚園の砂場で学んだ』（ロバート・フ
ルガム，池央耿（訳），河出書房新社，2004年）という本があります。
この本には，以下のようなことが書いてあります。二人の男の子も，
砂場を通して，一生懸命人生の大事なことを学んでいると思いません
か？

　いかに生きるか，何をすべきか，ほんとうに大事なことはすべて幼
稚園で学んだ。本当の知恵は大学院ではなく，幼稚園の砂場にある。

　何でもみんなで分け合うこと。
　ずるをしないこと。
　人をぶたないこと。
　使ったものはかならずもとのところに戻すこと。
　ちらかしたら自分で後片づけをすること。
　人のものに手を出さないこと。
　誰かを傷つけたら，ごめんなさい，と言うこと。
　食事の前には手を洗うこと。
　トイレに行ったらちゃんと水を流すこと。
　焼きたてのクッキーと冷たいミルクは体にいい。
　釣り合いの取れた生活をすること――毎日，少し勉強し少し考え，
少し絵を描き，歌い，踊り，遊び，そして，少し働くこと。
　毎日かならず昼寝をすること。
　おもてに出るときは車に気をつけ，手をつないで，はなればなれに
ならないようにすること。
　不思議だな，と思う気持ちを大切にすること。

　乳幼児期の保育の本質は，小学校以上の教育のように，教師が意図した活動を，系統的にそして一斉に同じように行う学習ではありません。乳幼児期の保育の大きな特色は，遊びや生活を通して子どもたちが学んでいくことにあります。「乳幼児期の子どもは遊びのなかで学び育っていく」という，文章にすると，たったこれだけなのですが，このことを実際に保育のなかで実現しようとすると，一見遊ばせておけばいいというように，簡単なことのように見えて，実はとても難しく，そして奥深いことなのです。

　この章では，この保育の本質である，「遊び」や「生活」そして「学び」について，事例を通して考えてみたいと思います。

1 「遊び」だけでは育たない？

　「遊び」と「学び（勉強）」は対立する言葉だと感じる人は多いと思います。これまでの幼児教育・保育では，小学校への移行がスムーズにいくようにと，幼稚園や保育所，認定こども園でも，"ただ，子どもを遊ばせている"だけではなく，小学校教育を意識して，小学校教育を先取りしたような保育が盛んに行われていました。

　もちろん，就学に向けて，子どもが小学校で戸惑わないように，小学校のような勉強を保育に取り入れることを，すべて否定するわけではないのですが，小学校教育の先取りをすることが，幼稚園や保育所，認定こども園の教育・保育ではありません。幼児期には幼児期なりに育てなければならないことがあります。2017年に改訂（保育所保育指針は改定）された幼稚園教育要領，保育所保育指針，幼保連携型認定こども園教育・保育要領（以下，幼稚園教育要領等）ではそのことを，さらに明確に打ち出しています。

　保育者である限り，子どもが遊びのなかで学ぶということがどんなことなのか，その必要性についてきちんと理解する必要があります。幼稚園教育要領等では遊びについて以下のように書かれています。

> 【幼稚園教育要領】▷1
> 　幼児の自発的な活動としての遊びは，心身の調和のとれた発達

▶1　「幼稚園教育要領」第1章「総則」第1「幼稚園教育の基本」の2より。「幼保連携型認定こども園教育・保育要領」も第1章「総則」第1「幼保連携型認定こども園における教育及び保育の基本及び目標等」の1の(3)に同様の記述があります。そこでは，冒頭の「幼児の」が「乳幼児期における」となっています。

の基礎を培う重要な学習であることを考慮して，遊びを通しての指導を中心として第2章に示すねらいが総合的に達成されるようにすること。

【保育所保育指針】[2]
　子どもが自発的・意欲的に関われるような環境を構成し，子どもの主体的な活動や子ども相互の関わりを大切にすること。特に，乳幼児期にふさわしい体験が得られるように，生活や遊びを通して総合的に保育すること。

➡2 「保育所保育指針」第1章「総則」1「保育所保育に関する基本原則」(3)「保育の方法」のオより。

　幼稚園教育要領でも，保育所保育指針でも共通になっているのが，「遊び」であり，「自発的」という言葉です。
　乳幼児期に「遊び」が大事であるというとき，乳幼児期の「遊び」と，大人が通常使っている「遊び」，つまりは仕事や勉強との対比のなかで息抜きや余興のように理解される「遊び」とでは，同じ「遊び」という言葉を使っていても，その言葉の意図する中身は大きく異なっていることを理解することが大切です。何がどう違うのか，違わないとすれば何が共通なのか，そのことをきちんと理解して子どもに関わらなければ，子どものしている遊びに価値を見出すことができません。結局は保育者が何かを教える教育のほうが子どもは育つと言われてしまう危うさがいつも幼児期の教育にはあるのです。

2　「遊びのなかで学ぶ」とはどんなことだろう

　「保育」という言葉であろうと，また「教育」という言葉であろうと，乳幼児期の子どもを育てることが保育者の仕事です。そのために，保育者は子どもに寄り添い，子どもが育つように関わっていくのですが，ではどんな姿を「子どもが育った」としているのでしょうか。育っているという子どもの姿で，その幼児教育・保育の内容や方法は大きく変わっていきます。きちんと座っていられる，挨拶ができるといったように，形を整えることが育つことだと強調される幼児教育・保育では，子どもの遊びや主体性を大事にすると

いうより，しつけなどを強要するような幼児教育・保育にならざるを得ないのです。

　保育関係者のなかでさえ，「ただ，子どもを遊ばせているだけでは育たない」「もっと，子どもに系統的な教育を行うべきだ」と主張する人たちが多くいます。この背景には，幼児教育・保育では，小学校以上の教育を先取りして教えることがいいという考え方や，小学校に入って困らないように，小学校に似たようなかたちで幼児教育・保育を行うことがいいという考え方があるように思われます。ただし，幼児教育・保育が単に小学校以上の教育を簡単にしたものでいいというわけでもありません。小学校との接続の重要性について，幼稚園教育要領等で触れられていますが，まずは小学校以上の教育につながっていくような育ちとは何かを考えてみたいと思います。

❶ 小学校1年生を担当した先生が4月初めに子どもたちとつくった詩から

　以下に示したのは，横浜市のある小学校の先生が，1年生の4月，校庭探検を行って，子どもたちが校庭の樹木を見て書いた言葉を，クラス全体の詩としてまとめたものです。1年生の4月ですから，まだ小学校での学習はほとんど始まっていません。幼稚園や保育所，認定こども園での生活の延長線上で，子どもたちは校庭の木を見て，感じたことをありのままに書いてきたのです。

> 学校には、いっぱい木があるよ。
> まがっている木。まっすぐな木。
> 小さい実がなっている木。
> 小鳥が止まっている木。
> さくらの木。コルクの木。
> 黒板にも書けない大きな木。
> おうちにつかまっている木。
> ねんねしているから立たせてあげたい木。
> かきの木。もみの木。
> 穴があいて、ハチが住んでいる木。
> これから大きくなる木。
> みんな、学校の木だね。
> みんな生きているよ。

この詩を読んでみなさんは何を感じますか。できれば今いる場所の周囲の木を見て，自分なりに木を見てその木を表現するとすればどのような言葉になるかも考えて読んでみてください。

　この詩のなかに出てくる「さくらの木」や「コルクの木」「かきの木」「もみの木」は，木にプレートがついていて，学名としてわかっているものです。味わってほしいし，考えてほしいのは，それ以外の木々について，子どもなりに自分たちで表現している言葉なのです。

　「この木は何という木ですか」「さくらの木です」というように，正解があって，正解を出せることが育ちであるとするならば，この詩に見られるような子どもたちの表現は出てきません。もちろん，理科の授業のように，図鑑などで木の名前を調べることは小学校以上の学習としては成り立ちます。ただ，幼児期には，自分なりに感じたことや考えたことをきちんと言えるようになる力を育てていくことのほうがはるかに重要です。

　そうであるならば，子どもに正解を教えるような幼児教育・保育ではなく，このような言葉が自然に出てくるような幼児期の豊かな体験や感性を育てていくために，どのようなことがいいのかを考える必要性があるのではないでしょうか。

❷ ブランコをめぐって

　次に入園前の保護者の方へ話していることを，みなさんにも尋ねてみたいと思います。実習などの経験があるなら，以下の問いは，公園ではなく園での出来事として考えてもらって構いません。ブランコをめぐって，子どもたちの間に，「替わる」「替わらない」の騒動が起きたときに，みなさんならどのように対応するかを考えてほしいのです。

【保護者への問い】
　公園で自分の子がブランコをしているときに，他の子どもが乗りたいと来たらどうしますか？

　保護者の方に，この質問をすると，ほとんどの保護者の方は，「子どもに言ってブランコを替わらせる」と答えます。みなさんは

どのように対応しますか。

　園でよく見られるのは，10とか20数えたら交替というようなルールをつくって対応している光景です。もちろん，子どもが遊びのなかで学ぶというならば，こういうときこそ，人にブランコを譲ったり，順番を守ることなどを教えるチャンスかもしれません。

　ただし，ここで考えてほしいのは，保護者の言葉や園のルールを素直に守ることで，ブランコの取り合いにならないようにできることが，子どもが育ったと言えるかどうかということなのです。

　大人に言われたことや，園のルールを守って，素直にそのことに従っているだけで，子どもは本当に人の気持ちや順番の必要性などを学んだということができるのでしょうか。本来ならば，子ども自らが，「自分はずっと待っていたからもっと乗っていたい」とか，「相手が小さい子だから替わってあげよう」というように，周囲の状況を考えて，自分でどう行動すればいいかを判断できる子になってほしいのです。すぐに大人が「替わってあげなさい」と言ったり，園独自のルールで混乱を避けることばかり考えていては，そばに大人がいなかったり，園のルールがないところでは，子どもは自分で判断することができなくなってしまうからです。

　もちろん，入園直後の大賑わいのブランコなどは，保育者が入ってある程度の時間で交替することや，小さい子を優先することを伝えることは，どの園でもあり得ることです。ただし，それが一年中続くこともおかしいことです。遊びのなかで自然に起こるようなトラブルや葛藤を，事前に保育者の配慮で避けてしまうような保育では，子どもは育っていかないのです。

　後でも触れますが，「学ぶ」という言葉は，子ども自身の主体性があって成り立つ言葉です。子どもが学ぶということは，多少の混乱や葛藤がありながらも，そこに寄り添う保育者や友達の存在があって，自分なりに納得し乗り越えていくなかで，わかっていくことなのです。

❸ 3歳児の遊びの写真から

　では，次に遊びのなかで学んでいることを，3歳児の4枚の写真から考えてみましょう。いずれの写真も3歳児のままごとの様子です。写真5-1だけが5月頃で，写真5-2，写真5-3，写真5-4は10

写真5-1

保育室で3人の子が、ままごと遊びをしています（5月）。

写真5-2

園庭で、砂場の道具を使いながら、お店やさんごっこをしています。机の奥の3人がお店やさんです（10月）。

写真5-3

手前の男の子が、お店やさんをしようと、テーブルの右側で料理を始めましたが、女の子たちから売る側の場所ではないと言われてしまいます（10月）。

写真5-4

女の子たちから、売る場所が違うと言われた男の子は、自分のお店を、女の子の遊びの邪魔にならず、また買いに来た人にとっても見やすい場所に移して遊び始めます（10月）。

月頃の写真です。何がどう違うか遊びの様子を見比べてみてください。

　個々の写真を一見するだけでは、子どもたちがただ遊んでいるだけの写真と思われがちです。ただ、このように時期を変えて遊びの写真を見てみると、どんなことが育っているかが見えてきます。

　写真5-1は、入園してすぐに遊んでいる姿です。3人は保育室のままごとの場所で遊んではいますが、遊び方はバラバラで、レストランごっこやお弁当屋さん、お母さんごっこなど、3人ともそれぞれのイメージで遊んでいます。

　ところが、写真5-2～写真5-4では、外の机を利用して、遊びに共通のお店やさんというイメージが生まれてきています。写真5-3、写真5-4では、新たに入ってきた男の子も、女の子たちのしていることを意識して、そのイメージを受け入れた遊びをしだします。

　さらに言えば、写真5-1の遊びは、保育者が用意した室内環境での遊びですが、2学期の遊びでは、砂場の道具を上手に使いこな

したり，机を使った場の設定も，おそらく自分たちが見つけたイメージのしやすい場所で遊びを展開しているのです。

　道具の使い方が上手になることも，学びの一つです。人間が成長したり，進化してきたということは，複雑で危険な道具をも自在に扱えるようになっていくプロセスとも言うことができると思います。3歳児の遊びのなかでも，道具や場の設定など，自分たちでできることは上手に遊びに取り入れて，自分たちの遊びとなってきているのです。だからこそ，周囲の子どもたちのなかにも自然とそのおもしろさや楽しさが伝わっていったのではないでしょうか。

　子どもが遊びのなかで多くのことを学んでいくためには，遊びのなかで何が育っているかを読み取れる保育者の存在が重要です。保育者の関わり方によって，また環境の出し方によって，子どもの遊びが貧弱になったり，豊かになったりします。また個々の子どものイメージや遊びの展開によっても，子どもの学びや育ちは大きく異なってしまうからです。

　「遊び」も「学び」も，子ども自らが関わるということでは共通しています。「やらされている」とか，「やらなければいけない」ということばかり強要されていては，子ども自らの学びにはなりません。そのことを，今度は研究会で話し合った七夕製作の場面から考えてみたいと思います。

❹ 七夕製作を通して

　横浜市の私立幼稚園の保育者が集まる研究会で，七夕について取り上げたことがあります。各園でどのように七夕の製作を行っているか，そのやり方を参加者みんなで話し合ってみたのです。

　みなさんなら，7月の七夕をどのように子どもたちと迎えようとしますか？　まずは各自で自分なりのやり方を考えてみましょう。

　研究会にはさまざまな園から集まってきた保育者がいますので，いろいろな保育の方法や内容が出てきました。七夕のやり方は，こうしなければならないなどと，かたちが決まっているわけではありません。園によって多様であっていいのですが，やり方を比較してみると，この活動を通して，何を大事にしたいのか，そのことを明確にして保育を組み立てないと，ただ七夕製作をやらせるだけの活動になってしまう危険性があります。一人一人の子どもが七夕を自

分なりに味わい，さらにはクラスでもさまざまな遊びや学びが伴う
ような保育とするためには，どのようなやり方がいいのかを，以下
の例から考えてみてください。

【保育者がもち寄った七夕のやり方】
1　一斉に同じ七夕飾りをつくっておしまいの園
2　クラスで自由につくれるようにしておいて，やりたい子だけ
　　が参加した園
3　竹や材料を出しておいて，徐々に飾りを増やしながら願いご
　　とはクラスみんなで書いた園
4　一斉に製作をした後，いろいろな材料は残しておいて，みん
　　なで七夕飾りを増やしていき，七夕を楽しみにした園
5　年少，年中，年長とでやり方を工夫して，園全体で七夕飾り
　　を見せ合った園
6　年長がプラネタリウムに行き，彦星や織姫といったお話から，
　　星や宇宙にまで興味を広げていった園

　一つの活動をするにしても，園によって，また保育者によってい
ろいろなやり方があることがわかると思います。では一体どのよう
な保育がいいのかということになるのですが，少なくとも，ただ一
斉に七夕をつくって終わりというのでは，子どもたちが七夕を楽し
んだとは言えないはずです。

　その一方で，誰がつくったかもわからないままに，子どもたちに
任せっぱなしで自由にしたというのも違うのではないでしょうか。
また，3歳，4歳，5歳で取り組むべき素材や内容が同じでも，子
どもはおもしろさを感じないはずです。年齢や状況に応じて「やっ
てみたい」「もっとやりたい」という子どもたちの主体的な思いを
大事にするには，保育者にそれだけのねらいや思い，環境への配慮
が必要なのです。

　七夕という行事を通して，何を学んでほしいか，どんな経験をさ
せたいのかを明確にしていくなかで，子どもたちがそのことを主体
的に受け止めて活動するような多様で豊かな環境の構成などを含ん
だ指導計画ができてきます。指導計画とは，子どもみんなに同じこ
とをさせる計画ではなく，活動に参加する一人一人の子どもの思い
をできるだけ受け止め，その多様さがお互いの学び合いにつながっ
ていくことを見通したうえでの計画でなければならないのです。

3 遊びと生活との関係

　幼稚園と保育所の違いを表す言葉として，「保育所は生活」「幼稚園は教育」というような言い方をするときがあります。幼保の機能を合わせもつ認定こども園では，保育時間によって，教育と生活とを使い分けている園もあります。保育所が生活という場合，その生活の意味することは主に基本的な生活習慣ということが多いのですが，その一方で，「幼稚園教育要領」や「保育所保育指針」でも，幼児教育の基本（保育所保育に関する基本原則）の一つとして，幼児期にふさわしい生活（「保育所保育指針」では「最もふさわしい生活」という表現を使っています）を求めています。「幼稚園教育要領解説」では，「幼児期にふさわしい生活を展開する中で，幼児の遊びや生活といった直接的・具体的な体験を通して，人と関わる力や思考力，感性や表現する力などを育み，人間として，社会と関わる人として生きていくための基礎を培うことが大切である」と書かれています。子どもにとっては「遊び」こそが中核の生活であり，子どもが自らどっしりと腰をすえて，自らの自然な成長，発達に身をゆだねることこそが，幼児期にふさわしい生活だと言えるのです。

　日本の幼児教育の基礎を築いた倉橋惣三は，「生活を生活で生活へ」を主張し，幼児の生活を重視しました。保育のなかで子どもの生活を大事にしていきながら，その生活の質を高めるためにどのような保育を行えばいいかを倉橋なりに真剣に考えたのです。

　現代の子どもたちの生活はその頃に比べ物質的には恵まれていても，子どもの育つ環境としては貧弱になってきています。少子化で子どもの数が減り，遊ぶ相手も場所もそして時間も制限されています。子どもが子どもらしく生活しようとしても，子どもにふさわしくない生活が周囲に多くあり過ぎます。では，子どもを取り巻く生活全体を，より子どもにとってふさわしいものにしていくにはどうしたらよいのか，子どもの生活が豊かになり，遊びや学びも豊かになっていくために，保育者はどのようなことを考慮すべきなのかを，音楽的な活動や行事（ここでは特に運動会），そして4歳児の鉄棒の事例を取り上げて考えてみたいと思います。

❶ 音楽的な活動から
——KMO（港北マジックオーケストラ）の活動を通して

　幼児教育・保育の基本が遊びを通して学ぶことであるとしても，音楽的な活動になると，養成校でピアノが必修ということもあるのか，歌わさなければならない，または合奏させなければならない活動だと思ってしまう保育者は結構多いと思います。

　ところが，音楽本来のもっている楽しさが子どもに伝わると，子どもは自然に歌ったり，演奏することを楽しむようになります（写真5-5）。言い換えれば音楽的な活動でさえ，子どもたちは遊びとして取り入れ，学んでいくパワーをもっているのです。その力をどのようにしたら発揮させられるのか，まずはみんなで知恵を出し合って話してみてください。

　筆者の園（港北幼稚園）のKMO（港北マジックオーケストラ）の活動は，偶然おやじの会[5]で音楽好きな人が集まったことから始まりました（写真5-6）。最初はおやじの会のイベントだけの活動だったのですが，機会があって，毎学期1回は，子どもたちの前でバンドを組んで歌を披露してもらうことになりました。

　もちろん，選曲にあたっては，保育者と綿密に打ち合わせをし，子どもたちが好きな歌や合奏のしやすい曲が選ばれます。時には「森の音楽家」という曲のなかで，楽器ができる保育者も飛び入り参加して，いろいろな楽器を紹介する場面も出てきます。

　音楽の好きな大人が，「音楽はこんなにおもしろいよ」というメッセージを子どもに出すと，子どもたちにはそのことがダイレクトに伝わります。

　KMOの演奏の最中，そして終わった直後から，子どもたちは自分たちで廃材を使って楽器をつくったり，保育者と一緒になって歌を歌い始めるのです。自然発生的に何度も歌ったり，演奏を繰り返していくなかで，クラスで歌ったり合奏することが楽しくなっていきました。

　このような音楽と関わる楽しさは，これまであまり楽器に触れたことがない保護者にも伝わり，ウクレレオハナというウクレレのサークルもできました（写真5-7）。青空のもとで，ウクレレを伴奏に，子どもたちが歌う機会も増えてきています。

82

写真5-5 3歳の子どもたちが
楽しく合奏する様子

写真5-6 KMOの活動の様子

写真5-7 ウクレレオハナ活動
の様子

❷ 大きな園行事と子どもの生活との関係
──子ども主体の運動会とは

　運動会は多くの園で行われる大きな行事の一つです。大勢の保護者や家族が楽しみにしていることもあって、どのように子どもをきちんと参加させるかで悩む保育者が多くいるのも運動会と言えます。園によっては、年長の5歳児のときに鼓笛隊や組体操などを行うために、4歳のときから練習を何度も繰り返すなど、相当のエネルギーを運動会に費やしている園もあります。

　一般に運動会や生活発表会、さらには作品展など、園で行う行事は、子どもの生活に変化をもたらし、生活そのものを豊かにしていくはずのものです。大きな行事が終わる節目ごとに、子どもの成長が見られることが多いのですが、そこに子どものやりたいという主体性が大事にされていないとしたら、行事そのもののやり方を見直す必要が出てきます。

　子どもが話し合ったり学ぶなかで、さらに生活を豊かにしていくという保育の在り方を、運動会という行事を通して考えてみたいと思います。運動会を行うときに、「子どもには練習という発想はない」と言うと、何のことかわからず戸惑う人がいるかもしれません。運動会では練習するのが当たり前と思っている保育者であれば、子どもにきちんと運動会で動けるように練習させることこそが保育者の役割と考えるでしょう。その一方で、別に運動会に向けてというときでなくてもいいのですが、保育室に戻る子どもたちに「園庭の隅から保育室までよーいドンで走ろう」と言えば、大抵の子どもたちは一生懸命走り出します。

　子どもは、「今日は運動会本番ではないから手を抜いて走る」「明

日は本番だから必死になって走る」というような区別をまずしません。走ることであれ，踊ることであれ，子どもたちがやりたくて好きであれば，どんな些細な場面でも一生懸命に取り組むのが子どもなのです。「よーいドン」といったら一生懸命走る。踊りたくなったら何度でも踊る。そのような子どもの姿の延長線上に運動会があるということを考えて取り組むことが大事なのではないでしょうか。子どもに何をさせるかではなく，子どもが夢中になって取り組むような運動会にすることこそが，子どもたちの遊びや学びに密接に関わっているからです。

　そのためには，年長のリレーの順番を話し合いで決めてみたり，運動会の競技の係を子どもたちにも任せてみるだけでも，子どもたちはやらされているという意識ではなく，自分たちが運動会をするんだという意欲を高めていきます。万国旗や入退場門などの飾り付けも，子どもたちと一緒につくって飾ってもいいはずです。保育者だけが運動会に向けて必死に準備するのではなく，子どもたちも何かの役割をもって一緒に参加する運動会になっていくことが，子どもも参加する運動会となっていくのではないでしょうか。

　また障害のある子がいるクラスでは，その子も含めたクラスの話し合いが求められます。勝ち負けだけにこだわれば，障害のある子がいるために負けてしまうという葛藤になることもあるでしょう。その一方で，障害のある子も含めたクラスづくりを保育者が心がけることで，クラスみんなが団結して運動会に取り組むことができれば，障害のある子がいるからこそ得られる子ども同士の育ち合いも見えてくるはずです。行事を通して，葛藤や困難なことを乗り越えていく経験をすることも，子どもの成長を支えているのです。

　運動会当日の出来映えが子どもを育てるのではなく，運動会という行事を通して，その前後の保育も含めた，子どもたちが何度も何度も繰り返して遊ぶような運動会にしていくことこそが，子どもの生活に密着した運動会なのです。

❸ プールの時間だけど，鉄棒がしたい

　4歳児のAちゃんは，運動が苦手というわけではありません。普段の遊びのなかでも体を動かす遊びは好きなのですが，あるときから小学生のお姉さんの影響や年長の子の遊んでいる姿から鉄棒に夢

中になり，みんなでプールに入るというときにも，プールには入ろうとせず鉄棒から離れなくなってしまいました。

　担任はできればクラスみんなでプールに入りたいと思い，Aちゃんに声をかけるのですが，どうしても鉄棒から離れたがりません。担任としては，園全体で自分のクラスがプールに入る時間は決まっているし，プールに入らないAちゃんを少し困った存在とも思い，何度も一緒にプールに入ってほしいと伝えてきました。ところが，Aちゃんはもう少しで逆上がりができそうなこともあって，プールに入るどころではなく，鉄棒から離れられないのです。

　その気持ちに気づいた担任は，フリーの保育者にプールを任せてAちゃんに付き合ってみることにしました。するとAちゃんは1時間以上鉄棒で逆上がりに挑戦し続けます。手にまめをつくりながらも，逆上がりをやめようとしないのです。そろそろ諦めるかなと思っていた担任の予想を裏切って，練習の成果なのか，何と自分だけで逆上がりができるようになったのです。

　その頃には，鉄棒の周りにクラスの子どもたちも集まっていて，みんなから「Aちゃんすごい」という賞賛の声もあがりました。Aちゃんもまんざらではありません。Aちゃんが逆上がりができるようになったことで，クラスにも逆上がりに挑戦する子どもたちが増えていきました。

　担任としては，Aちゃんに一緒にプールに入ってほしかったという思いはあったのですが，まずはAちゃんの鉄棒への思いをきちんと受け止めたことで，少したくましく見えるAちゃんと出会うことができました。

4　改めて「学びとは何か」を考える

❶ Aちゃんの逆上がり

　ここで，Aちゃんの鉄棒の事例から，改めて「学びとは何か」を考えてみたいと思います。Aちゃんが鉄棒で逆上がりができるようになりたいと思ったのは自分の意思です。自分でやろうと思い，夢

中になって逆上がりに挑戦したからこそ，Ａちゃんは逆上がりができるようになったのです。

「わかるということ」「学ぶということ」などを研究している佐伯胖は，次のように勉強と学びを区別しています。[6]

■6　佐伯胖「問われている幼稚園教育の重要性」（子どもと保育実践研究大会講演）2009年より抜粋。

【勉　強】
　社会における何らかの外的基準から「のぞましい」とされる知識や技能を，他者からの教示にしたがって，練習を通して，獲得すること。かならず「教師」がいて，かならず「正解」がある。そして「正解」が出せるように練習し，「正解を出す力」を高めることが「能力」を身につけること。

【学　び】
　人が，共同体の活動に参加することを通して，全人格的な意味で，「なってよかった自分」になる（アイデンティティを確立する）こと。
　「なってよかった自分」は，なってみないとわからない。学びとは「自分探しの旅」であり，「自分との関係づくり」そして「自分と他者との関係づくり」「自分と共同体との関係づくり」である。

　佐伯の考える学びを，Ａちゃんの鉄棒の事例にあてはめてみたいと思います。

　Ａちゃんが逆上がりに興味をもったきっかけは，小学生の姉や年長児の逆上がりが得意な子たちの影響を大きく受けています。逆上がりが一人で何度も練習できるように，園に逆上がりの練習板が設置してあったことも挑戦意欲を高めました。まずはＡちゃんが逆上がりができるようになりたいと思える環境（佐伯氏のいう共同体の活動）が整っていたのです。

　Ａちゃんが逆上がりをできるようになる過程では，まずＡちゃんは自分と向き合います。どうしても逆上がりができるようになりたいという意欲がＡちゃん自身を変えていったのです。

　また，他者との関係では，一歩間違うとプールに入らない子という悪いイメージが友達の間に広がる危険性さえありました。ところが，保育者がＡちゃんの「なってよかった自分づくり」を支えたこともあって，逆上がりができるようになると，「逆上がりのできるＡちゃん」としてクラスのみんなに認められていったのです。

　さらにいえば，Ａちゃんが逆上がりをできるようなったことで，クラスやクラスを越えて，鉄棒の逆上がりができることが魅力的で自分もやってみたいという参加したい共同体の活動を形成していきます。Ａちゃんの学びがＡちゃん一人にとどまらず，多くの子どもたちや保育者にもさまざまな学びを生み出していったのです。

❷ 遊びが学びとなっていくために

➡7　佐伯胖『「わかり方」の探究』小学館，2004年，pp. 201-202。

佐伯は，遊びと学びは渾然一体だとして次のように言います。[7]
・子どもの世界では，遊ぶことと学ぶことはほとんど区別がない。
・遊びのなかで学んでいるのだし，学びは遊び心を伴って生じている。
・ものごとの探求がおもしろくて，「やめられない」とき，「学ぶ」ことと「遊ぶ」ことは，本当は，渾然一体となっている。
・大人も，「やりがいのある仕事」に打ち込むとき，学びと遊びは渾然一体である。

Work 1 ✏

　佐伯は，「ものごとの探求がおもしろくて，『やめられない』とき，『学ぶ』ことと『遊ぶ』ことは，本当は，渾然一体となっている」と言います。今現在または過去のことでもいいのですが，あなたにとって「学ぶ」ことと「遊ぶ」ことが渾然一体となっている（いた）経験を見つけ，そのことについてみんなで話し合ってみてください。

　佐伯が言うように，「遊び」が「学び」になるためには，Ａちゃんの事例やKMOの音楽活動などでもわかるように，子どもたちがその活動にあこがれ，やってみて，「なってよかった自分になっていく」というプロセスが不可欠です。

　みなさんが育ってきた過程で，音楽や運動など自分のやりたいことに夢中で取り組んでいたときには，「させられている」という感覚は消えていたのではないでしょうか。

　ただ，子どもが夢中で遊びに取り組むためには，さまざまな方法で遊びの楽しさを伝えたり，夢中になって遊べるように環境を整える保育者の存在が必要です。またやりたくない，できないという子どもに対しても，その子どもの気持ちを受け入れ共感し，その子が

安心して活動に取り組めるような援助もしていかなければなりません。没頭して夢中になって遊ぶということは，子どもなら当たり前に誰でもできそうなことだったはずなのですが，それが難しい子が増えてきています。

　保護者にもなかなか遊べないことの危機感は伝わらず，逆に子どもにもっと厳しく関わって何かをできるようにさせるような保育を望む声のほうが大きくなっている現実もあります。子どものそばに関わる保育者こそが，子どもが子どもらしく生活することを大切にし，遊びのなかでさまざまなことを学んでいく保育を実現させるように，日々の保育のなかで子どもに丁寧に関わっていくことを願っています。

Book Guide

・佐伯胖『幼児教育へのいざない――円熟した保育者になるために（増補改訂版）』東京大学出版会，2014年。
　幼児教育を学ぶ人が，遊びや学びについて深く考えるためには最適な一冊です。
・子どもと保育総合研究所（編）『子どもを「人間としてみる」ということ――子どもとともにある保育の原点』ミネルヴァ書房，2013年。
　幼児教育や保育の基本を丁寧に学びながら，その奥深さ，おもしろさも感じられる本です。

Exercise

1. 体を動かすことが楽しくなるような遊びの場面を，各年齢も含めてみんなで出し合い，その遊びが活発になるには，保育者がどのように環境を構成したり，援助すればいいかを整理してみましょう。
2. 遊びが学びとなっている例を，自分や身近な人の経験のなかから見出すことで，人が生きていくうえで，遊びが重要であることを論じてみてください。

第 **6** 章

養護と教育が一体的に展開する保育

廊下で泣いている子を，保育者が抱っこしています。こんな状況のときに，
保育者はどのように，またはどんな気持ちで子どもと関わればいいので
しょうか。みんなで話し合ってみましょう。

言葉として，「保育」と「教育」がどう違うのかについては，いろいろな学説や，法的な位置づけの違いもあるのですが，一般的にいえば「保育」では「養護」がより強調されている点が大きな違いになっています。

　では，「養護」とは何かということになりますが，この「養護」を端的に示しているのが写真にあるような一場面なのです。このような場面で，保育者がどのように子どもと関わるかが，保育者としてとても大事だと考えます。それは，子どもが，自分をすべてさらけ出しながら，安心できる大人の存在を求めているときだからです。

　保育所保育指針等では，「養護」については，「生命の保持」と「情緒の安定」という言葉で示されています。このことを業務的に捉えてしまうと，子どもの「世話をすればいい」とか「面倒を見ればいい」というような関わりをイメージしてしまいますが，「養護」的関わりによって子どもが得るのは，自分は愛されている，大事にされているという実感なのです。

　写真のような場面で，保育者が「忙しいから早く泣き止んでほしい」とか「この子は泣き虫で困る」といったような気持ちをもっているならば，それは子どもに伝わります。「つらいんだね」「悲しいね」と心を受け止めること，それがすべての始まりです。

「養護」と「教育」という言葉

　本章のタイトルである「養護と教育が一体的に展開する保育」という言葉についてですが，ここでいう「養護」とは，「教育」とは，どういうことなのでしょうか。これについて，「保育所保育指針」では次のように説明しています。

第2章　保育の内容

（…前略…）

　保育における「養護」とは，子どもの生命の保持及び情緒の安定を図るために保育士等が行う援助や関わりであり，「教育」とは，子どもが健やかに成長し，その活動がより豊かに展開されるための発達の援助である。（…中略…）実際の保育においては，養護と教育が一体となって展開されることに留意する必要がある。

　また，「保育所における保育は，養護及び教育を一体的に行うことをその特性とするものである」[1]ともしており，「養護と教育が一体的に展開する保育」とは，まさに保育そのものである，と言えます。

　この章では，保育そのものに焦点をあて，小さなエピソードをたくさん紹介します。エピソードを読み，みなさんが何を感じ，何を読み取るのか，そこからスタートしましょう。

　エピソードのなかには，子ども・保育者・さまざまな大人・環境が存在します。それぞれがどのように影響し合っているのか，そこにも着目してみましょう。さらに「保育」のなかにある「養護」や「教育」を見つけてみてください。「養護」と「教育」は入り交じりながらそこにありますが，「養護」という視点，「教育」という視点を意識することで，見えてくることがあります。

　子どもの世界，保育の世界は，視点のもち方で何通りにも学ぶことができる奥深さをもっています。さぁ，子どもたちの世界へ！

■1　「保育所保育指針」第1章「総則」2「養護に関する基本的事項」(1)養護の理念。

2 子どもの世界をのぞいてみよう

❶ 感じて動く子どもの姿──ここから始まる

子どもたちのそばにいて、保育を実施している保育者がつくりあげる保育の日々。そのなかで、展開しているのはどのようなことなのでしょうか？　子どもたちが感じていることは何か、保育とは何か、を学ぶために、まず「子どもの世界をのぞいてみる」ことから始めてみたいと思います。

Work 1 ✏ 感じてみよう・動いてみよう・考えてみよう

下の写真をよく見てください。何をしていると思いますか？　さあ、推理の時間です。
写真に写っている子どもは2歳児です。こども園の玄関で見られる姿です。

〈手順〉
①子どもたちや保育者について、体や表情、物など、わかることを書き出しましょう。
②何をしているのか、推理してみましょう。一つに決めないで、誰も思いつかないようなことを考え出してください。
③3，4人のグループで、互いが考えたことを紹介し合います。
④たくさん出たもののなかから、一つの推理を選びます。
⑤推理にそって、写真の状況を動きで再現します。写真の状況の前後を想像して表現するのも素敵です。
⑥互いのグループの動きを見合いましょう。
⑦動いてみて感じたことを、書き出します。

　どうでしたか？　同じ一枚の写真でも人によって違う物語が見えたのではないでしょうか？　子どもたちが手を頭のそばに置いている姿には，誰でも注目したと思います。その手の意味を，こうかな，ああかな，と想像するときに，あなたも手を頭のあたりにもっていってはいなかったですか？

　子どものしていることを理解しようとしたときに，子どもと同じ仕草をする，というのは，とてもいい方法なのです。写真のなかに保育者がいますが，その保育者の手も頭の上にあります。同じ楽しさを味わっているようにも見えますが，何を楽しんでいるのかな，と思いつつも動くことで子どもの楽しさをわかろうとしている姿にも見えます。保育者の体は，多くのメッセージを発していることがわかります。

　その空間のなかに身を置き，子どもが楽しんでいることをそのまま共に味わうことで，子どもの世界が見えてきます。自分の身の回りにあるものの変化や美しさに触れて喜ぶ，その気持ちを受け止めて共に味わう，そこに保育の基本があります。

❷ 子どもが大事にしている物──子どもの思いを知る

　子どもたちは身近な環境に働きかけてさまざまに感じ取ります。物との出会い，物との関係をつくることで子どもは成長します。物と出会う体験，子どもの目線になって体験してみましょう。

Work 2　入っているのはなんだ？

　牛乳パックを使ってつくったお散歩カゴ。2歳児クラスの子どもたちが散歩に出かけるときに，持っていく物です。

①何が入っていますか？
②見つけているときの状況を想像してみましょう。
③お散歩カゴの意味について，考えてみましょう。
④3〜4人のグループで以下のことについて話し合いましょう。
　・①〜③の内容について
　・「自分で見つけ持ち続ける物＝私の宝物」の意味
　・小さい頃の記憶をたどり，自分の宝物の話

　何かを見つけること，自分が見つけて気にいったものを持ち続けることは子どもたちが大好きな行為です。どうして好きなのか，ということをもう少し詳しく考えてみましょう。

　「見つける」という行為は，主体的な行為です。誰かに指示されて見つけるのでは意味がありません。自分で見つけたからこそ，うれしいのです。だからこそ，いつまでも持っていたいと思う，それが子どもです。持ち続けるということに大事な意味があります。

　持ち続けるということを考えたとき，思い出す本があります。『ジェインのもうふ[▶2]』という絵本です。自分の分身のような拠り所となる毛布との日々が描かれています。そしていつかその毛布と別れる日が来るのですが，大切なことは，拠り所となる物の存在です。

　子どもと世界の出会い方のなかに，「これが好き」「ここが安心」という出会い方があります。そのような出会いを大事にすることで，子どもは自立へと進んでいきます。そのように考えると，牛乳パックでつくった小さな手提げカゴが，実は大きな意味をもつことがわかってきます。大好きな物を持ち続けることができるのですから，そのことにより，子どもは「自分」になっていくとも思えるのです。

▶2　アーサー・ミラー（作），アル・パーカー（絵），厨川圭子（訳）『ジェインのもうふ』偕成社，1971年。
　毛布が大好きな女の子のお話。赤ちゃんのジェインは，ミルクを飲むときも，遊んでいるときも，どんなときもピンクの毛布と一緒。ところが……。心のよりどころとなる物の存在について学ぶことができる一冊です。

3　「養護」と「教育」の観点から保育を理解する

❶ イメージの遊びを楽しむ姿から

　子どもの内なる声に耳を傾け，子どもと物や環境との豊かな関わりを支えていくのが保育です。養護と教育の一体的な提供＝保育に

| ついて，具体的なエピソードを通して考えてみましょう。

Episode 1 　　いらっしゃい！　いらっしゃい！（2歳児，10月）

　戸外で遊ぶことを楽しんでいる子どもたち。そこにある小さな小屋にA児は入って遊び始めました。少しすると，「いらっしゃい，いらっしゃい」と呼びかけはじめました。

　それを聞きつけて，B児がやってきて「ごめんください」と言うと「なにいりますか？」と言うA児の声が返ってきました。「やきいもください」とB児が答えると「何個ですか」とさらにA児が聞き，B児が「2つください」と言うと，A児は小さな石を1つ2つと数えながら渡していました。2人は笑い合い，少しすると，今度は一緒に住み始めました。

　子どもたちの遊びのなかには，見立てることやつもりになることが多く見られます。身近な環境のなかでイメージを広げて遊ぶ楽しさを味わい，伸びやかに過ごしている子どもたちです。

　安心できる居場所があり，友達や保育者との応答関係ができているということによる安心感や，自分らしく行動することが認められているという安定感が基盤にあることがわかります。安心感や安定感は，養護（care）的視点の援助によって培われたと言えます。一方，そこにある物をいろいろに見立てる，見立てた物に名前をつけて伝える，数を数えて伝えるなどは，遊びのなかの学びであり教育（education）的視点によって支えられている姿とも言えます。

　子どもの心の安定に深く関わっているのが養護であり，それに支えられながら，いろいろな学びへと子ども自身が成長していく姿が確認できました。この場面のなかに保育者は出てきませんが，子どもたちのやりとりを見ると保育者との関わりのなかで育った軌跡が捉えられます。たとえば，A児の呼び声を聞き興味をもって近づいてきたB児の「ごめんください」という言葉です。

　ごっこ遊びが楽しくなってきた2歳児の子どもたちは，よくお店屋さんになります。客になるよりお店の人になりたい，という気持ちをこのクラスの子どもたちはもっていました。子どもたちがそのような願いをもっていることを受け止めた保育者は，「ごめんくだ

さい」「一つくださいな」とお客さんの役を楽しそうに演じました。そのように遊ぶ保育者の姿がモデルとなり，子どもたちも役割を取り合って楽しむ姿が見られるようになったと思います。

イメージの世界で遊ぶ，ということは幼児期ならではのかけがえのない体験です。その楽しさが味わえるように，保育者が共に楽しむ人として遊びの状況に関わる援助を重ねたことが効果をあげてきていると感じます。

❷ 生活のなかの子どもの姿から

➡3　筆者の園では，3号認定（0～2歳児），2号認定及び1号認定の預かり保育利用者（3歳児と4，5歳児の希望者）は，午睡をとるようにしています。

認定こども園で過ごす子どもたちの生活の姿のなかから，午睡をめぐる姿を紹介し，その姿の底に流れている，養護と教育の在り方について考えてみましょう。午睡とは長時間を園で過ごす子どもたちのために提供しているものです。➡3

Episode 2　　　眠くないC児と過ごす（3歳児，5月）

2歳児クラスから3歳児クラスに進級したC児は，午睡の頃になると，ピョンピョン跳ねたり動き回ったりして，なかなか眠ろうとしません。C児は，19時頃までの長い時間をこども園で過ごす2号認定の子どもでしたから，できれば午睡をしたほうがよいのではないかと思われました。どうすればいいだろうと全職員で考え，しばらく本人の気持ちを受け止めるよう個別に関わってみることにしました。

13時半頃，まわりの友達が次々に眠りにつくなか，C児は目をパッチリと開けています。担任は他の子どもたちを見ていたので，筆者が関わることにしました。

「絵本見てくる？」と話しかけると「うん！」とうなずきます。午睡のスペースから少し離れたところにある絵本コーナーに行き，「どの本がいいの？」と聞くと，「どれにしようかな」と探し『よるのびょういん』➡4『いそがしいよる』➡5の2冊を選んできました。

静かにゆっくり読んでいると，C児も自分の思ったことを話したり，質問したり，時間がゆったりと流れるなかで，この2冊の本を何回も読みました。

『いそがしいよる』は，外で寝たくなったばばばあちゃんが，何でもかんでも外に持って行って寝る話でした。「ばばばあちゃんみたいにやってみる？」と聞くと，C児はうれしそうに笑いました。レジャーシートを畳んで敷くと，C児はそこにゴロっと横になりました。そこに午睡から早く起きたD児もやってきて，一緒にゴロっとするのが楽しいようでした。このようなことを楽しむ日々を重ねるうちに，C児もみんなと一緒に午睡ができるようになっていきました。

▶4　谷川俊太郎（文）,
長野重一（写真）『よるの
びょういん』福音館書店,
2006年。
　夜の病院の緊急手術の様
子を，写真と文章で描く絵
本です。

▶5　さとうわきこ『いそ
がしいよる──ばばばあ
ちゃんのおはなし』福音館
書店，1987年。
　星がきれいな夜，ばばば
あちゃんは家のなかにいる
のがもったいなくて外へ。
そのうちベッドも持ち出し
て……。夜空がきれいな絵
本です。

　認定こども園3歳児クラスの4月は，進級児と新入児の出会いが
あり，落ち着かない雰囲気になります。進級児は前年度も園で過ご
していますが，2歳児クラスの頃の生活とは違うリズムになるので，
不安定になる子どももいます。

　C児は2歳児クラスのときもなかなか寝つけない子どもでした。
さらに進級したということもあって，眠れなくなっていたようです。
食べることや眠ることは，無理強いしないようにしたいと思ってい
ますが，午睡の時間にピョンピョンと飛び跳ねているC児の姿から
は，不安な気持ちが伝わってきました。「寝なさい」と叱るのでは
なく，C児の気持ちに寄り添いたいと思いました。この気持ちは，
まさに養護（care）の意識から出ています。

　そのようにして，C児との時間を過ごしてみたときに，C児が選
んできた絵本がどれも夜関連の本だったことに驚きました。私は
「寝なさい」とは一言も言っていなかったのですが，他の友達がみ
んな寝ているという状況のなかで，C児の心のなかには「夜」が
あったのかもしれません。絵本と今の自分を重ねる気持ちがC児
のなかにあると思ったとき，良質の絵本があることの大切さを思い
ました。絵本の選択に教育（education）的視点があるとわかったの
です。

　絵本を見ているうちに，絵本みたいにしたい，という思いが浮か
んできて，シートを敷きゴロンと横になったとき，それはいつもの
ごっこ遊びとは少しだけ違う気がしました。そばで本当に寝ている
子どもたちがいることで，ごっこと現実が混ざり合う不思議な印象
がありました。

　いずれにしても，この数日後，C児は午睡の時間にリラックスし
て過ごすようになり，そして1か月後には普通に眠るようになって
いきました。

　食事，午睡，排泄，着替えなど，園生活のなかで体験する生活の
場はいろいろあります。子どもたちの健やかな成長に欠かせない体
験ですが，同時に，気持ちの揺れから困難な状況になることもある
体験でもあります。一人一人の状況に応じ，多面的な理解を試みて
対応することで，よりよい成長につながると考えます。

　認定こども園や保育所は今後も増加し，園で長い時間を過ごす子
どもたちが増加していくと思われます。そのようななかで，子ども
たちは心のなかの葛藤をいろいろなかたちで表してきます。それを，

まるごと受け止め寄り添う関わりをしていくことにより，心が安定する，そこから一つ一つ解決していくことがあると思います。養護（care）の精神の重要性が高まると思われます。

❸ 葛藤を抱えていると思われる子どもの姿から

　遊びの仲間に加わったり，全員で何かをしようというときに，やらないと言ったり，うずくまって動かなくなってしまいがちなD児がいました。そのD児が自分の気持ちを立て直せるようになっていった姿を紹介します。自分で自分を養護（care）するとはどういうことなのか，考えてみましょう。

Episode 3-1　　走らなかったわけ（5歳児，10月）

　運動会が近づいた頃，クラス全員でリレーをすることになりました。でもD児は「やらない」と言って座り込みました。"気持ちが向かないのかなぁ"と思いそのままにしておくと，2回戦目には仲間に加わり，全力で走っていました。"Dちゃんって，こんなに速かったの？"と思うほどのスピードで走り，友達からも声援を浴びていました。

　リレーを楽しんだ後，D児が保育者のそばに来て，「どうしてはじめは走らなかったかわかる？」と聞きました。保育者が「ドキドキしたから？」と言うとうれしそうに首を振ります。「負けちゃいそうだったから？」と言うと「ちがーう！」と言います。「降参！」と言うと「あのね」とD児は話し始めました。「あのね，はじめに走らなかったのはね，あのとき，力をためていたんだよ」と，秘密を打ち明けるように話し，「ほら，力をためていたから，速かったでしょ！」と言って，もう一度走ってみせてくれました。

　みんなで何かをしよう，というときに戸惑いがちだったD児。一度やらないと言うと，なかなかその気持ちを変えることはできませんでした。そのD児が2回目にリレーに自分から加わってきたとき，保育者は驚きの気持ちに包まれていました。その驚きは，D児の言葉を聞いて，もっと大きくなったのでした。

　「力をためていた」という言葉は，何を意味するのでしょうか。そのことを考える前に，もう一つのエピソードを紹介します。

Episode 3 - 2　頭が痛い日の絵（5歳児，10月）

　D児が描いた絵。熱が出て頭が痛いときに描いた，屋根が壊れている家の絵。屋根に上り，屋根の修理をしているクマが1匹描かれていました。

　ここまで描いたときに母が迎えに来て，D児は家に帰りました。

翌日持ってきた絵。家に帰って続きを描いたと言います。そこには，たくさんのかわいいオバケちゃんが描かれています。そのオバケちゃんたちは，あらゆる「困ったこと」を助けてくれる「お助けオバケちゃん」でした。絵はさらに描き加えられ，2枚目の絵がありました。そこには，地下室が描かれていました。

1枚目　屋根が壊れた家の絵

2枚目　地下室の絵

　この絵を見ながらD児が話したことを以下に紹介します。

> 　ある日くまちゃんが，屋根の穴を直していたら，急に雨がふってきたからおばけちゃんがきて，それで傘くれた。それで傘のばした。
> 　それでもくまちゃんはびしょぬれ。それで下にいるおばけちゃんたちは，洗濯したり干したり，洗濯機で回したり。はしごのぽったりこうやってあっためたり，くまちゃん寒いからあっためました。

　Dちゃんは，このような話をしたのです。とてもうれしそうに，話してくれました。頭のなかにお話がたくさん詰まっていたようで，スラスラと話し続けたのです。

　この絵を描いたとき，Dちゃんは頭が痛かったのです。まさに屋根が壊れている状態です。そしてその日，Dちゃんは迎えに来てくれたお母さんとゆっくりとした時間を過ごしたのです。雨から身を

守る大きな傘が広がっているということは，大きな安心を感じさせます。それでもびしょぬれなのですが，ぬれてしまった服やくまちゃんを乾かすために奔走してくれるたくさんのオバケちゃんが登場するのです。安心と喜びのイメージでしょう。

　自分は走らないでみんなが走るのを見ていたときの自分を，「走らなかった」ではなく，「力をためていたんだ」と表現することと，家のなかにたくさんのお助けオバケちゃんを描くこと，この2つには，共通性があると考えます。それは，ため込む，というイメージです。自分の内部に力があることを信じている姿でもあります。だからこそ，Dちゃんはいろいろなことに自分らしく挑戦できるようになっていったのではないかと思います。

　その後もD児は，時折葛藤を感じさせる表情になることがあります。それでも，少しすると自分で気持ちを立て直す姿を見ます。まさに，自分で自分を養護（care）することができるようになった姿だと思います。子どもを信じ，支え，待つ。そのような関わりを重ねた成果ではないかと思います。

4　「養護」と「教育」の観点から保護者との連携を考える

❶ まなざしの共有を目指して

　園生活のなかで子どもたちがさまざまなことに興味をもって遊んだり，友達と関わったりしている姿は，とても愛おしいものです。よく見ないと見過ごしてしまいそうな成長の姿を保護者に伝え，共に喜び合うことが大切です。いまある姿を大切に思い慈しみ育てる姿勢，それが「養護」です。保護者が本来もっている姿勢ですが，わが子への期待が高まると，もっとこうなってほしいという「教育」的な意識が強くなりがちです。十分な受け止めがあるとき，子どもは自ら育とうとしていく，ということを伝えていくために，定期的に発行しているポートフォリオが力を発揮します（図6-1）。

　子どもの姿を画像を使って紹介し，その姿がどんなに素敵なのかを伝えます。ポートフォリオは，家庭と園とをつなぐものです。空

○○組　5月の姿　A児さん　　　　「いっしょに」

いろいろなことに興味を持って，よく「みたい！みたい！！」と言っています。
この日も「虫どこ？」「ダンゴムシいるかな？」など…いろいろ言いながら（保育者に見つけて欲しいそぶりも見せつつ）虫を探していました。

この時，ともだちそれぞれにそんな感じで虫を探しつつ歩いていました。そして誰かが見つけたもの（虫）と言うわけではなく，たまたま近くにいて，Aちゃんが「あれ？なんだろ？」と気づいてつぶやいたことから…

3人で注目して動くものを追い，じっと見ている…というほほえましい姿となりました。

担任から…

Aちゃんは，ほんとうに好奇心いっぱい！おもしろそうなものに，ピピピ…とひきつけられるようです。

おもしろそうなものをいっしょにおいかける…そして，目を合わせ笑い合う，そんなおともだちとのかかわりが頼もしいです。

保護者の方からのメッセージ，家での様子など…

図6-1　ポートフォリオ（例）

■資料提供：文京区立お茶の水こども園（東京都，文京区）。

欄の部分に家庭からのコメントを書いてもらいます。「家でも同じようなことがありました」「安心しました」という返事が返ってきたり，「こういうときはどうしたらいいの？」という質問が寄せられたりもします。子どもを真ん中において，保育者と保護者が対話する，それがとても大切です。幼児教育の場では，養護と教育が一体的に展開しているということを保護者に伝えていくことは，とても大きな意味をもつと考えます。

❷ 保護者を「養護（care）」することを出発点として

　保護者は親です。親になるということは，もちろん喜びも多くありますが，同時に深い悩みのなかにある，と言っても過言ではありません。子どもの姿を見て一喜一憂する保護者は少なくありません。子育ての情報は多くありますが，そのなかのどれを支えにしたらよいのかと迷う姿もあります。保護者とは支えていかなくてはならない存在だと思います。

保護者が安定すると子どもも安定するということがあります。ですから保護者が安定するために，園のなかにホッとできる居場所をつくることも効果的です。構えてしまうと悩みを語れない人も，リラックスした場があれば，安心して自分の悩みを話せるようになります。園の玄関に，保護者用の読書コーナーを置いたり，お茶のコーナーを用意している園も見かけるようになりました。保護者が気軽にボランティアとして保育に参加することを奨励している園もあります。

　　保護者をまるごと受け止めて，大切に支えていく姿勢，保護者を「養護（care）」する，という姿勢が，これからさらに求められていくと思います。

Book Guide

・宮里暁美『子どもたちの四季──小さな子をもつあなたへ伝えたい大切なこと』主婦の友社，2014年。
　子どもたちの心の揺れに目を止め支える保育者のもとで，安心して過ごす子どもたちの日々を紹介しています。養護と教育の一体的な提供の在り方が理解できる一冊です。
・津守真・浜口順子（編著）『新しく生きる──津守真と保育を語る』フレーベル館，2009年。
　雑誌『幼児の教育』に連載された津守真の論考を受け止め，7名の研究者たちが津守との保育の対話を試みました。「新しく生きる」津守の姿を通し，それぞれの保育理解が浮き彫りになります。

Exercise

1. 保育の日々のなかで出会う「困ったこと」を書き出してみましょう。同じ場面を子どもの視点で見たらどう見えるのか，子どもの視点に立って書いてみましょう。書き出したものについて，グループで話し合い，気づきを広げましょう。
2. 保護者とのまなざしの共有に効果があると思われることを，できるだけたくさん考えてみましょう。

第 7 章

子どもの主体性を尊重する保育

子どもが登り棒につかまり，遊具に足をかけて，逆さになり，保育者に向かって「先生，見て！　すごいでしょ！」と言いました。みなさんはこの子とどう関わりますか？

乳幼児期はできることが増える時期であり，その一つ一つが子どもの自信になっていきます。そのできることとは大人から見ればとても小さいことと感じられるものも多いです。

　だからといって，小さいことと決めつけ，子どもの思いを無視してしまうのではなく，このような瞬間を大切にすることで，子どもたちは安心して自己発揮するようになります。

　主体性を尊重する保育の根っことなる一つは，このような子どもの思いを受容し，子どもが安心して主体的に取り組める環境や雰囲気づくりをすることです。

　普段の生活に穏やかで肯定的な雰囲気があると，子どもたちは主体的に物事に取り組むようになり，できたことを「すごいでしょ！」と自信満々で見せてくれるようになるのです。

　写真のように「すごいでしょ！」と言われたとき，大げさにほめる必要はないですが，丁寧に子どもの目を見て思いを受け止めるような言葉がけと態度を心がけるようにしましょう。

1 とても大切な主体性を尊重した保育

❶ エピソードから主体性を考える

保育の勉強をしていると「主体性」という言葉にたくさん出会います。では「主体性」とは一体どういうことなのでしょうか？
　一つのエピソードを見ながら，考えていきましょう。このエピソードの背景として，子どもたちが，油性マジックで直に爪に色を塗って楽しんでいる姿がありました。しかし，それでは爪に悪いし，遊びとしての発展性は弱いと保育者は考え，プラスティックスプーンの柄を外したものを子どもたちに提案し，子どもたちはそれに絵を描き，両面テープで爪につけて遊び始めました。

➡1　本章に掲載している写真は，すべて筆者の園（東一の江幼稚園：東京都，江戸川区）で筆者が撮影したものです。

Episode 1 　　自分の爪ぴったりのネイルにしたい！（幼稚園，5歳児）

　年長組5歳児の女の子数名が「ネイル屋さん」をしていました（写真7-1）。でも，プラスティックスプーンを活用したネイルだったので子どもたちの爪には大きかったため，爪にぴったりにしたいと考えました。
　「削ろう」「切ろう」など，いろいろと意見は出ましたが，なかなかいいアイディアが浮かびません。そこに園庭で遊んでいた男の子が話を聞いて，「オーブンで焼けばいいんだよ」とプラ板工作と同じ方法でできるのではないかと教えてくれました。
　そして，担任にオーブンを持ってきてもらい（写真7-2）早速焼いてみました。すると，うまく縮まずにくしゃくしゃになってしまいます（写真7-3）。
　それを見た女の子たちはがっかりしたもののすぐさま「じゃあ，何だったらうまくいくの？」とプラ

写真7-1　ネイル屋さんのネイル

写真7-2　オーブンでネイルは縮まるのか？

板工作のようにきれいに縮むものは何か実験を始めます（写真7-4）。

　廃材コーナーからさまざまなプラスティック容器を持ってきては，色を塗り，オーブンで焼いてみます。でもなかなかうまくいきません（写真7-5，写真7-6）。何日もかけて実験をしているなか，お母さんや他の友達からもアイディアをもらって「平らな面が多いものほどうまくいく」ということを発見しました（写真7-7）。

　その発見から，平らな面のあるプラスティック容器をつかったキーホルダー屋さんに遊びが発展をしたのです（写真7-8）。

写真7-3　くしゃくしゃになってしまったネイル

写真7-4　「何だったらうまくいくの？」

写真7-5　繰り返し試す子どもたち

写真7-6　失敗しても次を考える

写真7-7　うまくいくものを発見

写真7-8　キーホルダー屋さんになった遊び

❷「やってみよう！」「やりたい！」が大切

Work 1 🖊

Episode 1 のなかから，子どもたちが主体的に関わっていると思われる場面についてグループなどで話し合ってみましょう。

　この Work はとても難しかったかもしれません。というのは，遊びの事例の大半が子どもが主体的に関わっているからです。

　それでは，反対の側面から考えてみましょう。子どもが主体性を発揮できない保育とはどのような保育でしょうか？

　保育者が「これやりなさい」「こうしなさい」「これしちゃダメでしょ」とやることの大半を決め，子どもはそれに従うだけの保育がそれに当たるでしょうか。

　もちろん，時には大人として「これしちゃダメでしょ」と言うべき場面はあるでしょう。しかし，生活の大半が言われたことに従う生活では，子どもの主体性を尊重しているとは言いがたいです。

　エピソードのように遊びのなかで子どもたちが試したり，決めたり，試行錯誤したりしているなかには子どもたちの「やりたい！」「こうしたい！」「こうしたらどうだろう？」「やってみよう！」という思いがあります。これが子どもの主体性であり，この主体性を尊重するからこそ子どもたちの育ちは豊かになるのです。

❸ 主体性を尊重した保育はなぜ大切？

　それでは，なぜ主体性を尊重した保育が大事と言われるのでしょうか。一つの例として図7-1をご覧ください。

　このグラフは，幼児の運動能力の全国調査の結果を「遊び指向得点別」に比べてみたものです。[2]

　遊び志向得点とは「運動の種類」「運動のやり方」「決まりやルール」「目標や課題」の4項目を「ほとんどすべて子どもが決めている」から「ほとんどすべて指導者が決めている」までの5段階で回答を得て，その合計点を「遊び志向得点」（子どもが決める程度が高

➡2　杉原隆ほか「幼児の運動能力と運動指導ならびに性格との関係」『体育の科学』**60**，2010年，pp. 341-347。

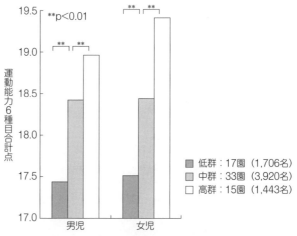

図7-1 遊び志向得点別にみた運動能力の比較

➡注：運動能力6種目とは，「25m走（代替種目として往復走）」「立ち幅跳び」「ソフトボール投げ（代替種目としてテニスボール投げ）」「両足連続跳び越し」「体支持持続時間」「捕球」の6種目。

➡出所：杉原隆ほか「幼児の運動能力と運動指導ならびに性格との関係」『体育の科学』**60**，2010年，p.344。

いほど高得点）としています。

　その結果は図7-1のとおり，遊び志向得点が高群の園の子どもたちの運動能力が高いとなっています。つまり，子ども自身で決めている傾向の高い園の子どもたちの運動能力が高いと言えます。

　言い方を変えれば，子どもたちが「したい！」「やりたい！」「こうしよう！」と主体性が発揮されているということです。つまり主体性が子どもの運動能力の向上に寄与しているということです。

　この調査結果は運動面に限られます。しかし，人間は心身不可分と言われていますので，心の育ちにも同じことが言えると考えられます。そうであれば，主体性を尊重する保育は心身共に子どもたちを育てるということが見えてくるでしょう。

2　主体的な活動としての遊び

➡3　幼稚園教育要領，保育所保育指針，幼保連携型認定こども園教育・保育要領をあわせて「幼稚園教育要領等」と示します。

❶ 幼稚園教育要領等における「主体性」

　幼稚園教育要領等には「主体性」という言葉が多く使われていま

す。たとえば幼稚園教育要領では，第1章「総則」の最初の部分から主体性について言及されています（下線は筆者加筆）。

第1　幼児教育の基本

（…前略…）

　このため教師は，幼児との信頼関係を十分に築き，幼児が身近な環境に<u>主体的</u>に関わり，環境との関わり方や意味に気付き，これらを取り込もうとして，試行錯誤したり，考えたりするようになる幼児期の教育における見方・考え方を生かし，幼児と共によりよい教育環境を創造するように努めるものとする。

（…中略…）

1　幼児は安定した情緒の下で自己を十分に発揮することにより発達に必要な体験を得ていくものであることを考慮して，幼児の<u>主体的</u>な活動を促し，幼児期にふさわしい生活が展開されるようにすること。

　さらに，2018年改訂の幼稚園教育要領と幼保連携型認定こども園教育・保育要領には「主体的・対話的で深い学び」という新しい言葉が使われるようになりました。保育所保育指針ではこの言葉は使用されていませんが保育所においても大切な視点です。

❷ 主体的・対話的で深い学び

　図7-2は幼稚園教育要領を作成するために中央教育審議会幼児教育部会が報告した「幼児教育部会における審議のとりまとめ」のなかの資料の一つです。タイトルに「アクティブ・ラーニング」とあるように主体的・対話的で深い学びとはアクティブ・ラーニングの視点から生まれた言葉で次のように述べられています。[4]

➡4　文部科学省中央教育審議会「幼児教育部会における審議の取りまとめ」2016年より抜粋。

（2）「主体的・対話的で深い学び」の充実

○　幼児教育における重要な学習としての遊びは，環境の中で様々な形態により行われており，以下のアクティブ・ラーニングの視点から，絶えず指導の改善を図っていく必要がある。その際，発達の過程により幼児の実態は大きく異なることから，柔軟に対応していくことが必要である。

幼児教育において，幼児の自発的な活動としての遊びは，心身の調和のとれた発達の基礎を培う重要な学習として位置付けられている。下に示すプロセスは例示であり，順序を含め本例に限定されるものではない。

| 遊びの
プロセス例 | 遊びの創出
遊具・素材・用具や場の選択・準備
友達との誘合い　等 | 遊びへの没頭
楽しさや面白さの追求　試行錯誤　工夫　協力
失敗や葛藤　問題の解決　折り合い　挑戦　等 | 遊びの振り返り
振り返り
明日への見通し | 次の遊びの創出へ |

幼児教育における重要な学習としての遊びは，様々な形態等で構成されており，下に示す三つの学びの過程を相互に関連させながら，学びの広がりを意識した，指導計画の工夫が望まれる

深い学び　直接的・具体的な体験の中で，「見方・考え方」を働かせて対象と関わって心を動かし，幼児なりのやり方やペースで試行錯誤を繰り返し，生活を意味あるものとして捉える「深い学び」が実現できているか。

| 感触・感覚・感動

すごいなぁ
きれいだなぁ
○○だね・△△だよ | 試行錯誤
気付き・発見の喜び

なぜ・どうして
どうなるのかな・見付けた | 予想・予測・比較
分類・確認

○○かもしれない・
○○になりそう
○○は同じだけれど△△は違う | 規則性・法則性・関連性等
の発見と活用
○○だから△△になった
○○なのは△△だから
△△すると○○になりそう
次に○○するとどうなるかな |

対話的な学び　他者との関わりを深める中で，自分の思いや考えを表現し，伝え合ったり，考えを出し合ったり，協力したりして自らの考えを広げ深める「対話的な学び」が実現できているか。

| 依存と自立
信頼関係 | 自己表現
相手への感情・意識 | 思いの伝え合い
イメージの共有
共感　刺激のし合い | 葛藤
内省
折り合い | 対話や話合い
目的の共有
協力 |

主体的な学び　周囲の環境に興味や関心を持って積極的に働き掛け，見通しを持って粘り強く取り組み，自らの遊びを振り返って，期待を持ちながら，次につなげる「主体的な学び」が実現できているか。

| 安定感・安心感 | 興味や関心 | 自発性 | 自己肯定感 | 好奇心・探究心 | 持続性・粘り強さ | 必要感 | 振り返り・見通し |

環境を通して行う教育

幼児一人一人の行動の理解と予想に基づいた意図的・計画的な環境の構成

幼児期にふさわしい生活の展開
遊びを通した総合的な指導
一人一人の特性に応じた指導

図7-2　アクティブ・ラーニングの3つの視点をふまえた，幼児教育における学びの過程（5歳児後半の時期）のイメージ

▶出所：文部科学省中央教育審議会「幼児教育部会における審議の取りまとめ」2016年，資料4。

　遊びが創出され，没頭し，振り返り，そして次の遊びが創出されていく，そのプロセスのなかに，主体的・対話的で深い学びが生まれます。その学びの内容は図7-2に示されているようなたくさんの学びです。

　ですから，主体的な学びの実現のためにはこのような豊かなプロセスが生じる「遊びこむ」ことがとても大切なのです。

　教育学者の大田堯は著書のなかで次のように述べています。[5]

▶5　大田堯『学力とはなにか』国土社，1990年，p.172。

　　問と答との間を曲がりくねって考えぬいていく過程，その間で人間は発達を遂げるというようなものだと思う。

　子どもは遊びはじめるとたくさんの問いをもちます。その問いの答えを探すために試行錯誤したり，紆余曲折したりしながら主体的に取り組んだり，たくさんの対話をしたりしていく過程のなかでたくさんの育ちの機会を得るのです。

❸ 主体的な活動としての遊びの実践事例

Episode 2 　においつきのジュースをつくりたい！（幼稚園，5歳児）

　暑い夏に「さっぱりしたものが食べたいね」と言った女児の言葉をきっかけに「さっぱりアイスクリーム」屋さんがオープン（写真7-9）しました。1か月ほど，この遊びをした後，アイスクリーム屋さんで「ジュースを売りたい！」「本当ににおいがしたらいいね」という意見も出て，どうやってにおいのするジュースができるか実験を始めます。

　においのする材料を集めて，すりつぶし，水に入れるとジュースは完成するのですが，数日経つとにおいが消えてしまいました。「においが消えないものって何でつくられているのだろう？」と家にあったにおいのするもの（バニラオイルやエッセンシャルオイルなど）を調べてみたら，「どうも水ではなく，油のほうがいいみたい」とまた実験をします（写真7-10，写真7-11，写真7-12）。

　このような実験をしていると，もっとにおいのするものを集めたい，と園内を探しますがなかなか見つからない。そこで植物に詳しい理事長に聞きに行ったら，理事長の自宅庭に連れて行ってもらい，バジルやドクダミなどのにおいのする植物をもらうことができました（写真7-13）。

　そして，またクラスで実験をしていると，年少組など違う学年の子どもたちも興味をもって参加するようになります（写真7-14，写真7-15）。

写真7-9　さっぱりアイスクリーム屋さん

写真7-10　子どもと一緒に
　　　　　考えて

写真7-11　いろいろと試して

写真7-12　じっけんちゅう

また，ある日の保育後，職員室に小学生が遊びに来て，においの実験をしていることを聞くと，「こういうのがあるよ」とにおいのする手紙「レターフレグランス」のつくり方を担任に教えてくれました（写真7-16）。それを翌日，実験をしていた子どもたちに提示したところ，「やってみたい！」と自分たちがつくったにおいをもとに，レターフレグランスをつくり始めます（写真7-17）。

　そして数日経た後，そのレターフレグランスを使ったおみくじをつくり（写真7-18），「においがついている紙を引いたらいいことあるよ」と遊びが変化してきました。

写真7-13　理事長の自宅で

写真7-14　たくさんの子どもが興味をもって

写真7-15　いろんな学年の子どもにも広がって

写真7-16　レターフレグランスのつくり方

写真7-17　レターフレグランスをつくりたい

写真7-18　レターフレグランスおみくじ

Work 2 🖉

図7-2を参考に，Episode 2における子どもたちの学びについてグループなどで検討してください。

　このエピソードでは子どもたちがたくさんの疑問に対して，いろいろな意見を伝えたり，聞いたりと対話的に解決しようとしている姿がありました。また，実際に試したり，失敗して考えたりするようなことも多くありました。それらを想像しつつ，Work に取り組んでみてください。

3　子どもの主体性が育まれる環境

❶ 主体性が育まれる環境構成

　本章で述べてきたとおり，主体的な遊びにはたくさんの学びがありますが，ただ遊ばせておけばいいわけではありません。

　子どもが「やりたい！」ということをただやらせて，遊ばせっぱなしにするのであれば，主体的に取り組もうとした思いはしぼんでいくでしょうし，そもそもの「やりたい！」という思いが低次のままで，単なる思いつきの繰り返しになってしまう可能性があります。

　また，「やりたい！」と思っても，保育者にずっと頼りっぱなしでは主体的とは言えないでしょう。

　そうならないように，保育者は子どもが主体的に遊び込める環境を構成する必要があります。

　いくつかのエピソードを通して，主体性が育まれる環境構成について考えていきましょう。

Episode 3 ⛑　コマで勝ちたい！（幼稚園，5歳児）

　ペットボトルのふたを2つ合わせたコマをつくって遊んでいた子どもたち。「勝った！」「負けた！」と遊んでいましたが，それがもっとわかりやすく，楽しくなるようにトーナメント表を担任が用意。こ

れを使って，自分たちで遊びを広げていきました（写真7-19，写真7-20）。

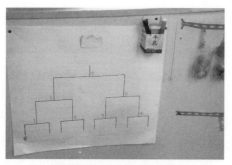

写真7-19　トーナメント表

写真7-20　自分たちで遊びを進める

このトーナメント表はビニール製の透明なテープでコーティングされているため，ホワイトボード用マーカーで書いたり，消したりすることができる工夫がされていました。この工夫により保育者に頼らずに子どもたちだけで遊びを進められるようになりました。

Episode 4　ピタゴラ装置をつくりたい！（幼稚園，5歳児）

テレビの影響から，廃材を組み合わせてビー玉を転がす装置をつくり始めることがあります。多くの場合，その装置づくりには何日もかかり，だんだんと大きな装置になっていきます。

担任はつくりかけの装置を片付けず，次の日もその続きができるように残しておくようにしました（写真7-21）。

写真7-21　5歳児のピタゴラ装置

Episode 5 　友達の好きなものを一緒に（幼稚園，4歳児）

一人の子どもが，鉛筆削りに夢中になり，幼稚園中の鉛筆を探して，削っていました。それを保育者が「えんぴつけずり屋さん」とすることで，周りの子どもたちが看板をつくったり，鉛筆を探すのを手伝ったり，お客さんを呼んできたりするようになりました（写真7-22）。

一人の子どもの興味・関心を担任が見えやすくすることで，周りの子どもたちが主体的に関わるようになったのです。

写真7-22　えんぴつけずり屋さん

Work 3

Episode 3～Episode 5の保育者が工夫したポイントを書き出してみましょう。

❷ 地域や家庭と連携して

子どもはさまざまなことに興味をもち，主体的に取り組もうとします。しかし，貧困な環境のなかではその興味自体が限定的なものになってしまいます。園内，クラス内の環境を豊かにすることで先のEpisode 3～Episode 5のように子どもの主体的な取り組みは豊かなものになっていきますが，園内だけだと限界もあります。地域や家庭には子どもの遊びや生活を豊かにする資源があります。以下のエピソードから考えていきましょう。

Episode 6 　ラーメン屋さんをつくりたい！（幼稚園，3歳児）

「ラーメンを食べたいね」という一言から，ラーメン屋さんごっこが始まりました（写真7-23）。鍋や器などは保育者が用意しましたが，遊び込んでいくとだんだんいろいろな種類のラーメンができてきました。もっと遊びが楽しくなるためにどうするか，担任は考え，近所のラーメン屋さんに子どもたちと行くことにしました。ラーメン屋さんに行くと，大きな寸胴のなかに何が入っているか，どのように使うのかなど，子どもたちにもわかるように絵で教えてくれて（写真7-24），子どもたちはさらに興味をもつようになり，このときの経験をもとにさらに遊びを広げていきました。

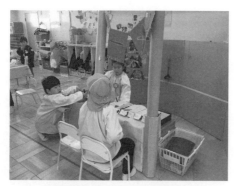

写真7-23　ラーメン屋さん

写真7-24　本物のラーメン屋さんにて

Episode 7　カレーのかくし味は？（幼稚園，5歳児）

　5歳児の夏に幼稚園に泊まるお泊まり会があります。夕食はカレーに決まっていますが，そのレシピは各クラスで考えて自分たちで調理します。

　あるクラスでは，「各家庭のカレーには何が入っている？」とそれぞれの家のカレーのつくり方を聞くことにしました。そして，いろいろなかくし味があることを知ります。そのことが家で話題になり，実験をし，それをお母さんがまとめて子どもがみんなの前で発表し，このクラスのかくし味が決まりました（写真7-25）。

写真7-25　カレーのかくしあじじっけん

　子どもたちはおもしろいと思ったこと，興味をもったことには主体的に取り組みます。主体的に取り組むなかでまた興味深いものに出会い，さらに主体的に取り組み……という連続性のなかで子どもの学びは深いものになっていきます。

　それは多様な資源がある地域や社会，家庭と連携をすることでさらに深いものになります。また，地域や家庭と連携をし，子どもが主体的に遊び込む姿を地域の人や家族が見たとき，きっと子どものことを応援するようになり，子どもたちの学びや育ちがさらに豊かに広がっていきます。

Book Guide

・大豆生田啓友（編著）『「子ども主体の協同的な学び」が生まれる保育』学研教育みらい，2014年。

子ども主体の豊かな保育実践がたくさんの写真と共にわかりやすく書かれています。どの事例も子どもたちがとことん遊び込んでいるもので，子どもとの生活にワクワクする気持ちをもつことができる本です。

・鯨岡峻『保育・主体として育てる営み』ミネルヴァ書房，2010年。

本書のなかで「大人の『させる』働きかけが子どもを『育てる』ことなのか」という問いかけがあります。みなさんはどう答えますか？　豊富なエピソードが載っている本書を読んで考えてみてください。

・河邉貴子『遊びを中心とした保育──保育記録から読み解く「援助」と「展開」』萌文書林，2005年。

なぜ遊びが大切なのか，遊びで何が育つのか，またその援助や記録，保育者の役割など，多方面に遊びを中心とした保育の重要性がわかりやすく書かれています。

Exercise

1. 子どもの主体性を尊重する保育が可能な環境とはどのようなものでしょうか？　グループなどで園の生活や環境などを中心に話し合ってみましょう。
2. いままでの自分の生活のなかで主体的に取り組んだものについて考え，そのときの気持ちなどを思い出してみましょう。また，そのような思いを子どもたちも体験できるようにするための保育者の役割について考えてみましょう。

第 8 章

環境を通して行う保育

秋のお散歩に出かけた公園で、子どもたちが落ち葉を拾っています。どんなことを感じたり、味わったりしているのでしょうか？　また、それらは子どもにとって、どのような経験につながっていくと思いますか？

季節の移り変わりに伴って，次第に色を変えていく葉っぱや，落ち
葉となって降ってくる様子など，大人にとっても自然の現象は，その
不思議さやおもしろさに思わず惹きつけられる要素がたくさんありま
す。葉っぱの色の変化や，同じ種類でも葉っぱごとに異なる微妙な色
や形の違い，さらには，手触り，音，匂いなど，子どもたちは散歩先
で出会った落ち葉を通して，さまざまな気づきを得たり，その不思議
さを感じたり，味わっているのではないでしょうか。そうした気づき
や発見が，身近なさまざまな現象への興味・関心や探究へとつながっ
ていくきっかけになることもあるでしょう。また，子どもによっては，
落ち葉を何かに見立ててイメージの世界で遊んだり，それらを使って
自分なりにさまざまなものをつくる楽しさを味わう子どももいると思
います。子どもたちは，そのように身近な環境との出会いを通して，
主体的に人やモノや出来事との関わりを深めていきます。しかし，子
どもたちが，そのような関わりを豊かに広げ，深めていくためには，
思わず惹きつけられたり，さまざまな「問い」が生まれるような環境
との「出会い」が必要になります。では，保育のなかで，子どもたち
の豊かな経験を保障する環境とはどのようなものなのでしょうか？
この章では，子どもたちの主体的な育ちを支える環境の在り方と保育
者に求められる視点について探っていきたいと思います。

1　環境とは何か

　本章では，「環境を通して行う保育」について，具体的な例から理解を深めていきます。まずは，環境とは何かを考えてみましょう。

Work 1 🖉　「環境」という言葉のイメージは？

　保育の5領域にも「環境」はありますが，そのこととは関係なく単に「環境」と聞いて，思い浮かぶキーワードをあげてみましょう。

　一般的に，「環境」と聞くと，「環境問題」が頭に浮かび，「自然破壊」「汚染」などのキーワードが出てくるかもしれません。また，生活や社会に視点を変えると，別のキーワードが出てきそうです。自然資源やエネルギー，社会資源，住環境や地域社会などもあがってきそうですね。

　今回の「環境を通して行う保育」においては，子どもの周りにあるすべてのことを総合的に考えていきます。例を一つあげても，そこには，さまざまな要素が絡んでいます。物的環境，人的環境というように，分けて考えることも大切ですが，「環境を通して行う保育」ということをたくさんの要素が絡んでいる状態のままで考えていくことにします。では，具体例を見ていきましょう。

写真8-1　触る▶1
▶写真提供：認定こども園ひかり（福島県，大沼郡会津美里町）。

▶1　本章の写真はすべて，掲載にあたり，園長及び保護者に承諾を得ています。本章の写真は，すべてイメージであり，Episode等とは直接関係ありません。

子どもの育ちを保障する環境

　　園生活のほとんどの時間を水と共に過ごしているMくん（1歳児クラス）。まずは，Mくんと水との物語を追っていきます。

❶ 子どもの興味を探る

Episode 1 - 1　　そっと保育者の手を握る（5月初旬）

　Mくん（1歳5か月）が，保育室のなかから，テラスの近くにある水道付近をじーっと眺めています。そのことに気づいた保育者は，Mくんのそばに寄っていきます。保育者は，Mくんの傍らで水道の蛇口から水が出ているところを10分ほど一緒に見続けました。

　これまで，園生活に慣れず，保育者が声をかけても，手を握ろうとしても拒絶していたMくんですが，このときは，そっと保育者の手を握ってきました。保育者は何も語らず，そのままMくんの手をひいて，水道のそばまで近寄っていきました。

　Mくんは，友達が蛇口をひねるたびに出てくる水の様子を，興味深く観察していますが，さらに近くに寄ろうとはしません。保育者は，無理に水に触らせようとはせず，手をつないで一緒に見続けました。

　この日から，1週間，Mくんは毎日保育者の手をぐいぐいとひき，水を見続け，保育者の「楽しいね」という言葉かけにもうんうんと首を縦にふるようになっていきました。

　① Mくんの目線の先を追い続けて

　Mくんは，4月に入園した頃は園生活になかなか慣れず，1日中泣いていることもありました。慣れないうちは，保育者と話をしたり，体に触れさせたりしない子がいます。Mくんも4月当初は手をつないでくれませんでした。

　泣き続けるMくんに，少しでも保育所が楽しいと感じてもらえないだろうかと保育者は考えます。Mくんが見ている先には何があるかを常に追い，声をかけて誘い続けました。

　Episode 1-1は，5月初旬の話ですが，このエピソードに至るまでにも，保育者とMくんの物語があります。少しずつ保育者に親近感を抱いたMくんは，興味がありそうなことには，保育者を誘う

写真8-2　焼き栗
➡写真提供：認定こども園さざな
みの森（広島県，東
広島市）。

写真8-3　火
➡写真提供：認定こども園さざな
みの森（広島県，東
広島市）。

ようになっていきました。

② 手をつないで共に同じものを見る――安心感

人と人とがつながるとき，「一緒に同じものを見る」ことが一つ
のきっかけになることがあります。共に手をつないで見てみるとい
う関わりを続けることで，少しずつですが信頼関係が築かれ，Mく
んの安心感につながっていったようです。

「手をつなぐ」ということは，体温を確かめ合うこと。「共に同じ
ものを見る」ということは，心を響かせる瞬間なのかもしれません。

③ Mくんの心に響いたもの

Mくんは，4月初旬，登園してから1時間程度は，お母さんと一
緒に保育所の玄関近くにいるウサギや前庭の池，部屋のなかの玩具
など，いろいろと見て回っていました。しかし，どれも見ている時
間は1分程度で，一つの場所にとどまることはありません。お母さ
んも仕事場へと向かう時間が次第に早くなり，不安なままのMくん
が泣いて過ごす時間は一向に短くなりませんでした。

しかし，保育者は，時々泣き止むMくんの目線の先を追いかけ，
水に関係する場所には，比較的長く注目していることに気づきます。
そして，Episode 1-1で，水道の付近をじーっと眺めているMく
んに気づいたのです。子どもによって，好きなものは異なりますが，
ウサギでも玩具でもなく，"水"がMくんの心に響いたようです。

Work 2 ✏️　自然物の魅力を探ろう

①大人の私たちにとって，"水"の魅力は，何だと思いますか？
②では，子どもにとって，"水"の魅力は何でしょうか？
③水以外の自然物（たとえば，砂，土，植物など）の魅力も考えてみましょう。

❷ 時間・空間・物の確保

Episode 1-2 ⛑️　水との時間（5月初旬～6月）

　Mくんは保育所に着くと，毎朝まずは，テラス近くの水道を目指します。初めは，水道の蛇口をひねることができず，保育者の手を引っ張っては蛇口を指さし，「あ！　あ！」と水を出してほしいことを訴えていました。しかし，何度も保育者が蛇口をひねる行動を観察すると，自らやってみようと試みます。

　蛇口を自分で開けることができるようになると，今度は水量の調整です。蛇口のひねり具合で水量や水圧が変わることを発見してからは，思ったような水量が出なかったときは，何度も調整しようと試みる姿が見られました。

　次は，洗面器に水をためることを楽しみ始めました。しかし，洗面器は大きすぎて，水がたまると持ち上げることができません。そのうち，空き容器やカップに水を入れては出し，入れては出しという行為を繰り返していました。

① 保育者間の連携

　Mくんのクラスは，12人の子どもに対して3人の保育者でみています。保育者が1人増える時間帯もありますが，ほとんどの時間，1人の保育者が4人の子どもをみていることになります。担当する子どもは決まっていますので，今回の保育者には，Mくんのほかにも3人担当する子どもがいることになります。しかし，保育者は，Mくんのここぞというときは，Mくんのそばにいたいと考えていました。Mくんとの時間を確保するためには，他の先生との連携が大切になります。他の先生にも同じような思いがありますので，お互いに助けが必要なことは，事前にお願いしておく必要があります。

写真 8 - 4　歩く

➡写真提供：認定こども園ひかり（福島県，大沼郡会津美里町）。

写真 8 - 5　笑い

➡写真提供：認定こども園ひかり（福島県，大沼郡会津美里町）。

　保育中に，特定の子どもと 1 対 1 の時間を確保することは難しいことなのです。また，水道をMくんに存分に使わせてあげたいときには，他に水と関わりたい子どもとの調整も必要かもしれません。しかし，Episode 1 - 2 では，実現しています。この保育者間のさまざまな連携があったからこそ，Mくんは，心ゆくまで水と関わることができたのだと考えられます。

② 子どもの遊びを保障する

　Mくんは，水との時間のなかでさまざまな試行錯誤をしています。それは，実験といってもよいものでしょう。このような実験の繰り返しが，新たな疑問を生み出し，次の実験へとつながっていきます。

　その実験を支えるものは，時間と空間，対象物の確保です。Mくんがやりたいと思っている間は，時間をさえぎることなく，他者の邪魔が入らないようにしたいのですが，集団で生活している場では，難しいときもあります。また，使いたい物が，その瞬間に手に入るということも大切になってきます。

❸ 保育者のまなざし

Episode 1 - 3　　　泉との出会い（ 7 月初旬）

　保育所には，水が自然に湧き出ている場所があり，子どもたちは "泉" と呼んでいます。その泉は，園庭の隅にあり，Mくん（ 1 歳 7 か月）のクラスのテラスとは対極に位置しているため，随分と距離があります。しかし，朝一番にその泉に向かい，肩で息をしながら湧き出る様子を見ることが近頃のMくんの日課となっています。

① 異年齢の友達からの刺激

　6月まで，Mくんが自分一人で行動する範囲は，園庭でも保育室でも，保育者が目で確認できるところまででした。保育者は，園庭の魅力をもっと知ってほしいと思い，何度か"泉"の近くまでMくんを連れて行っています。Mくんは，これまで，自分の興味のあることに対してだけ行動し，周りの人たちが何をしているかは目に入っていなかったと思われます。しかし，園生活にも少しずつ慣れ，周りには多くの人たちがいて，なにやら楽しそうなことをしていることに気づきはじめました。そして，自分よりも大きな人たち（4歳児）が泉の周りで楽しそうにしているところを発見したのです。

② 探索活動を支える

　しかし，園庭の隅まで，Mくんは一人で出かける勇気はありませんでした。保育者はMくんが一人で行動できる範囲を広げようと，少しずつ，少しずつ，Mくんの手を放していったのです。Mくんは，保育者と手をつないでいなくても，保育者のまなざしを感じられる範囲でなら，一人でも大丈夫になっていきました。保育者のまなざしのもとで，主体的に環境に関わるようになっていきます。

❹ 実験を繰り返す

Episode 1 - 4　　　　実験開始（7月中旬）

　Mくんが泉を発見してから1週間後，その日は，透明な空き容器を手にしています。湧き出ている水は少量なのですが，なんとかその泉の水を空き容器に入れようとしているようです。
　泉の水は，ちょろちょろと湧き出ている程度で，高さ2センチ程度。その水を直径2センチ程の空き容器の飲み口から入れようと，必死に飲み口を下にして，垂直に泉の水に押さえつけています。いったん入ったと思った水は，飲み口を上にする間にほとんど容器から出てしまいますが，Mくんは，首をかしげながら何度もこの方法を試しています。

　Episode 1-2では，蛇口から出る水の水量や水圧を体感したり，さまざまな容器に水を入れては出したり，容器から容器に水を移し替えたりしていたMくん。
　今回も試行錯誤を繰り返していますが，いまのところ，実験は失

敗に終わっています。しかし，この繰り返しの経験こそが学びを深め，次の実験へとつながっていきます。Mくんはこの先，水は上から下に流れていくことなど，水の特性を経験から学んでいくことでしょう。学びの原点は，乳児のときから始まり，好奇心や物との対話が学びを深めていきます。

3 主体的な遊びを支える環境

❶ 子どもの世界はアート

　子どもが何気なく積んだ石，花で彩った砂のケーキ，左右非対称の味わい深いクレヨン画，大型積み木でつくった家，無造作に切った色画用紙。これらすべてが子どもの作品であり，子どもの世界はすべてアートにつながっていると感じます。

　人が自分の思いを表現する方法は，音楽や絵画，言葉やダンスなどさまざまです。子どもたちの豊かな想像力や創造力を育むためには，どのような環境が考えられるでしょうか。

写真 8-6　園庭の片隅で
➡写真提供：認定向山こども園（宮城県，仙台市）。

写真 8-7　木の実を使って
➡写真提供：世田谷仁慈保幼園（東京都，世田谷区）。

❷ 子どもの表現・思いを実現する

Episode 2　製作大好き（6月）

　5歳児クラスは，製作が大好き。毎日，製作コーナーで，誰かが何かをつくっています。Aちゃんは，家族で出かけた動物園を再現しようと，ここ数日，空き箱などの廃材で，たくさんの動物をつくり続けています。Yくんは，朝からお父さんの使っているパソコンにあこがれて，自分用のパソコンづくりに夢中です。それぞれが，より本物そっくりにしようと，さまざまな素材を試しています。

① 素材選び・数・配置

　保育者にとって製作コーナーは，環境構成に日々思考をめぐらせる場所です。材料や道具は，何気なく置いてあるように見えますが，保育者は，素材，大きさ，形，数，配置などを吟味しています。毎日の子どもたちの様子から，どのような素材を準備しておけばよいのか，量はどのくらいあれば足りるのか，また，少ないと子どもたちのなかでどのような化学変化が起こるのかを考え準備します。子どもたち一人一人の思いが実現できるよう，子どもたちの人間関係も考えて，材料や道具を置く場所を決めていくのです。

② 流動性

　そのため，環境構成は流動的です。長い期間，動かない環境もありますが，動かないところは，"動かない"理由があるものです。
　また，保育室内の物は，片付けやすさや扱いやすさ，子どもの動線が考慮されています。Episode 2の製作コーナーも，道具の取り出しやすさや使いやすさ，机や椅子の高さ，位置などが工夫されています。子どもの表現・思いを実現するための細やかな配慮によって物が設置してあるため，Aちゃんたちの集中力が持続し，想像力がふくらんでいるようです。

③ 子どもの思いが見えるように——日常を作品に

　Aちゃんたちがつくった物は，自分のものとわかるように，札（自分の名前を書いたもの）を自分自身でつけることができるよう，

写真8-8 さまざまな
素材1
➡写真提供：世田谷仁慈保
幼園（東京都，
世田谷区）。

写真8-9 さまざまな素材2
➡写真提供：世田谷仁慈保幼園（東京都，世
田谷区）。

写真8-10 作品を飾る
➡写真提供：世田谷仁慈保幼園（東京都，世
田谷区）。

適当な大きさの紙が用意されています。また，すぐ近くの棚には，
毎日スペースが確保され，子どもたち自身で自分の作品を並べるこ
とができます。自分がつくったものを自らの手で飾る（保存する）
ことができることは，とてもうれしいことですし，友達の作品を見
ることは，刺激にもなります。

❸ 本物に触れる

　写真8-11は，ゴミの分別学習として，区の清掃局ゴミ処理課の
方々が幼稚園に来てくださったときの様子です。世の中の仕組みや
さまざまな仕事があることなど，子どもによって感じることは異な
ると思いますが，本物に触れる瞬間の子どもの目はとても輝いてい
ます。
　「本物に触れる」機会としては，消防自動車が園にやってきたり，
プロの音楽家が楽器を演奏してくれたりすることもあります。遠足
などでは，博物館や美術館に行くこともあれば，山や海で自然に抱
かれることもあるでしょう。さまざまな動物を園で飼っていること
もあり，毎日世話をすることができる小動物の場合は，直接触れた
ることで"いのち"の温かさを感じることでしょう（写真8-12）。
　また，普段の保育では，野菜や植物などを栽培することも多く行
われています。自分たちで栽培した野菜を実際に調理して食べる経
験は，記憶と心に長く残るのではないでしょうか。
　このような本物に触れる体験は，子どもにとって大きな経験にな
ります。世の中を知り，地域とのつながりも感じるかもしれません。
子どもの興味・関心の高まりが，不思議の心を生み出し，「もっと

写真8-11　ゴミの分別学習
➡写真提供：あすなろ幼稚園（東京都，葛飾区）。

写真8-12　いのちの温かさを感じる
➡写真提供：認定向山こども園（宮城県，仙台市）。

知りたい」という意欲を育みます。

❹ 遊びの充実

Episode 3　セミの声に引き寄せられて（7月）

　Rくん（4歳）が，セミを捕まえようと木の下で虫取り網をふっています。しかし，セミは，木の高いところにいるので捕れません。「もっと，セミがいっぱいいたらなあ」とつぶやいていると，「僕が園に来たときには，もっとたくさんいたよ」とSくん（4歳）。

　そこへ，Tちゃん（5歳）が通りかかって，「セミは朝早いほうがたくさんいるって，おばあちゃんが言ってたよ」と教えてくれました。2人は，「本当かなあ？」とテラスにある図鑑を調べ始めます。

　次の日，Rくん，Sくんだけではなく，そのほかにも多くの子どもたちが朝早くから登園し，あちらこちらの木に耳を傾けています。

写真8-13　セミはどこかなあ？
➡写真提供：与儀こども園（沖縄県，那覇市）。

① つぶやき

　子どもたちは友達のつぶやきを聞いて，相手の思いを知ろうとします。Episode 3は，子ども同士が刺激し合い，セミを探す輪がどんどん広がっていく様子が伝わってきます。

　子どもたちだけでなく，保育者もこの"つぶやき"を拾って，環境を再構成し，遊びの広がりや深まりを援助していきます。

写真 8-14　風を感じる（シャボン玉）
▶写真提供：認定こども園ひかり（福島県，大沼郡会津美里町）。

写真 8-15　自然の恵み
▶写真提供：認定こども園さざなみの森（広島県，東広島市）。

② 自然の魅力

　自然界の生き物は，太陽や水，土，風などに影響されています。季節やその日の天候，気温や湿度などが，敏感に動植物の生態に関わってくるため，園庭は，毎日違う顔を見せてくれます。

　また，自然界に関しては，図鑑に載っている情報も，人から聞いた話も，目の前の対象物とは合致しないことがあります。それは，この世界のすべての事象が，さまざまな影響を受けて変化するからでしょう。子どもたちにとっては，晴れた日の光だけではなく，雨や雪の冷たさ，美しさも魅力的です。自然の優しさ，輝き，においを感じる反面，激しさや怖さも経験しますが，その変化も子どもたちを惹きつける要因なのでしょう。

Work 3　🖊　子どもたちは，遊びのなかで何を感じている？

下の2枚の写真を見てください。
写真の子どもたちは，何を感じていると思いますか？　語り合ってみましょう。

写真 8-16　足を使って
▶写真提供：あすなろ幼稚園（東京都，葛飾区）。

写真 8-17　揺れる（丸太）
▶写真提供：認定こども園ひかり（福島県，大沼郡会津美里町）。

4 保育はデザインするもの

❶ 環境構成が保育そのもの

　環境は構成するものです。子どもの興味を探り，子どもが主体的に環境に関わっていけるよう，保育者が意図をもって構成していきます。

　戸田（2004）は，「最も重要な『計画』のエッセンスは，日々のごくさりげない遊びや生活[▶2]」にあるとし，「一人ひとりの子どもの思いを実現できていながら，その育ちも保障されていくように，また，子どもと保育者が一緒に創り出す遊びや生活の全体が豊かになるようにデザインしていく[▶3]」としています。

　環境を通して行う保育においては，環境をどのように構成していくかが，保育そのものになるでしょう。その際，一般的な「計画」という言葉のニュアンスどおりにその計画に当てはめようとするのではなく，子どもの思いや動きに寄り添い，デザインしていくという感覚が大切です。

❷ 保育者と子どもの関係性

　Episode 1 - 3 「泉との出会い」（p.125）では，保育者がMくんを泉に出会わせたいという意図から，Mくんを泉の近くまで案内しています。これには，さまざまな考え方があり，「Mくんが一人で園庭の隅まで行けるようになったときに，Mくん自身に泉を発見してほしい」という保育者もいるでしょう。どのようなねらいで保育を行うかによって保育はデザインされていきます。保育者と子どもの組み合わせが変われば，世界が変化します。したがって，保育者と子どもの関係性によって，それぞれ援助の仕方は異なります。

[▶2]　戸田雅美『保育をデザインする──保育における「計画」を考える』フレーベル館，2004年，p. 3。

[▶3]　同上書，p. 4。

❸ 子どもの思いと保育者の思いのズレ

Episode 4 - 1　園庭の環境を見直すことで

　K園では，創設以来60年間，「たくましい身体を育てる」という理念のもと，子どもの運動面での安全確保を重視してきました。園庭は平坦な固い地面で，石につまずいたり，雑草に足がからまったりしないよう，危険と思われるものは完全に排除してきました。

　しかし，子どもたちが家から虫や花を持ってくる姿のなかに，運動しているときとは別の輝きを見て，子どもの興味はもっと幅広く，環境を見直す必要があるのではないかとの意見が出始めました。

　何年も話し合いを重ねるなか，まずは，数本の実のなる木が植えられました。次の年に，適度な雑草も残してみるようになると，虫や鳥が増え始め，子どもたちの遊びにも変化が出始めました。

　そして，一昨年，園庭にビオトープがつくられました。池には，アメンボが泳ぎだし，カエルもやってくるようになり，子どもたちは夢中でおたまじゃくしやカエル，アメンボ捕りをしています。

① 日常の遊びのなかで

　K園では，外部から「運動の先生」を招いて子どもたちの体力づくりを行ってきました。専門家の指導は，保護者にも評判が良く，できることが増えると子どもたちも楽しそうでした。一方，できない日が続くと，運動に苦手意識をもつ子どもが出てきてしまい，他の子どもたちとの差が広がっていきました。

　しかし，園庭の環境を見直してからは，運動に苦手意識をもつ子どもが減ってきました。保育者たちの話し合いでは，昨年，ビオトープと共につくられた築山のでこぼこした坂を登ることや，トンネルのなかでかがみながら歩くことなど，ただ，平坦なところをグルグル回って走るといった“トレーニング”とは異なる部分の筋力が鍛えられているのではないかという意見がでました。

② さまざまな力が育つ環境

　これまで，K園では，たくましい身体を育むために多くの活動を取り入れてきましたが，別のねらいで変えられた園庭環境が，結果的には，子どもたちのさまざまな力を育むことになったようです。

　運動にもっとも苦手意識をもっていたEくんは，いま，アメンボ博士と呼ばれています。アメンボを捕る技術はもちろん，その生態

に関する知識も，2年かけて数々の実験を重ねて検証し，自分自身で導いたものです。運動の先生からは，小学校に入る頃には，運動能力もみんなに追いつくだろうと言われています。Eくんは，「集中力」「忍耐力」「継続性」「探究心」をアメンボ研究で培いました。そして，誰よりも「意欲」があります。"からだ"と"こころ"は密接につながっているのです。

③ 子どもが本当に興味のあることは

Episode 4 - 2　予想外の展開

9月に入り，これまで見たこともない大きなトンボが園庭にやってくるようになりました。子どもたちも大喜びです。そこで，保育者は，翌日の午後からの活動で"トンボのめがね"をつくろうと材料や見本を準備しました。

次の日の朝，保育室内の棚には，昨日帰りの会で読み聞かせしたトンボの絵本を置き，テラスには，図鑑（トンボが載っているページ）を開き，虫取り網や飼育ケースも手に取りやすいようにしました。午前中はたっぷりと外で遊び，午後から製作をする予定でした。

ところが，子どもたちは，トンボのめがねという完成品ではなく，それをつくるために置かれていたセロハン紙そのものが珍しかったようです。トンボのめがねを見本どおりにつくるわけでもなく，セロハン紙に触れることだけに夢中になり，外に出ていく子どもはほとんどいませんでした。

4　アフォーダンス
知覚心理学者ギブソン（Gibson, J. J.）の造語で，環境と動物（観察者）との相互作用に関係した概念です。佐々木（1994）は，「床はそこに立つことを，あるいは歩くことをアフォードしている。壁はあなたの姿や声を，外の世界から隠すことをアフォードしている。椅子は座ることをアフォードするようにつくられている」と説明しています（佐々木正人『アフォーダンス——新しい認知の理論』岩波書店，1994年，pp. 62-63）。

子どもたちにとって，光は不思議なものです。セロハン紙は，光にかざすと世界に色がつきます。今回，子どもたちにとって魅力的だったのは，毎日見ているトンボや保育者から提示された製作物（トンボのめがね）よりも，初めて出会う素材のセロハン紙そのものだったのでしょう。

環境には，アフォーダンス[4]（affordance）という考え方があります。簡単に言うと環境（たとえば，物）が，見る人にどのようなことを訴えかけてくるかということなのですが，今回子どもたちは，初めて出会う素材からいままでにはない何かを感じたようです。

Episode 4 - 2 では，保育者の意図とは違った遊びに展開してしまいましたので，保育者としては，「今日の保育は失敗してしまった」と感じたかもしれません。しかし，「光」を感じ，別の世界を見せてくれる"トンボのめがね"は，この先，子どもたちにどうアフォードするでしょうか。次の日からの展開が気になります。

　現在，K園では，子どもの興味がどこにあるのかを探りながら，保育をデザインしていくことのおもしろさを，保育者同士で日々語り合っているそうです。

5　「環境を通して行う保育」を考える

Work 4 　「環境を通して行う保育」とは何だろう？

①まずは，何も参考にせずに，「環境を通して行う保育」とは何かをあなたなりに考えてみましょう。
②幼稚園教育要領，保育所保育指針，幼保連携型認定こども園教育・保育要領において，「環境」という単語の前後に何が書かれているかをじっくり読んでみましょう。

❶ 幼稚園教育要領，保育所保育指針，幼保連携型認定こども園教育・保育要領における「環境を通して行う保育」

　幼稚園教育要領の冒頭，第1章「総則」第1「幼稚園教育の基本」には，「…（前略）…幼稚園教育は，学校基本法に規定する目的及び目標を達成するため，幼児期の特性を踏まえ，環境を通して行うものであることを基本とする」とあります。この部分に，保育は環境を通して行うものであると，はっきり明記されていることがわかります。さらに，「…（中略）…教師は，幼児の主体的な活動が確保されるよう幼児一人一人の行動の理解と予想に基づき，計画的に環境を構成しなければならない」とあり，「教師は，幼児と人やものとの関わりが重要であることを踏まえ，教材を工夫し，物的・空間的環境を構成しなければならない」としています。

　一方，保育所保育指針では，第1章「総則」1「保育所保育に関する基本原則」(1)「保育所の役割」のなかに「イ　保育所は，その目的を達成するために，保育に関する専門性を有する職員が，家庭との緊密な連携の下に，子どもの状況や発達過程を踏まえ，保育所における環境を通して，養護及び教育を一体的に行うことを特性と

135

している」とあります。

　また，幼保連携型認定こども園教育・保育要領では，第1章「総則」第3「幼保連携型認定こども園として特に配慮すべき事項」のなかに「3　環境を通して行う教育及び保育の活動の充実を図る」ための留意事項として，(1)「発達の特性を踏まえた工夫」や(2)「在園時間の違い等による配慮」，(3)「異年齢交流」，(4)「長期的な休業中やその後の過ごし方等への配慮」について示しています。

❷ どうして環境を通すのか

　園は，子どもが生活する場です。子ども一人一人のこだわりを大切にし，自ら夢中になって環境に関わっていくことができるように手助けするのが保育者です。特に，3歳未満児の世界には，子どもの自発性がたくさん見られます。「あれは何だろう」「おもしろそうだな」「やってみよう」という意欲を誘う環境がそうさせるのだと思います。子どもの生活のなかには，学びが多く隠れています。

　それぞれの子どもには，それぞれのペースがあります。保育においては，到達目標を設定し，その目標に急いで向かっていく必要はないのです。子どもの心に寄り添おうとする心もちが大切です。

　一人一人を見つめ，その子らしさを探り，引き出していける環境をつくることができるよう，保育者も日々，自分自身の感性を高めていきたいですね。

Book Guide

・日髙敏隆『世界を，こんなふうに見てごらん』集英社，2010年。
　著名な動物行動学者の遺作です。「子どものころ，ぼくは，虫と話がしたかった」という著者からのメッセージ。「『なぜ』をあたため続けること」「じかに，ずっと，見続けること」など，世界を見つめる多くの視点が語られています。保育のなかで環境を考える際のヒントが隠されていると感じます。
・宮里暁美（監修）『0－5歳児　子どもの「やりたい！」が発揮される保育環境』学研プラス，2018年。
　心揺り動かされる環境が，子どもたちの「やりたい」を支えます。主体的・対話的で深い学びへと誘う環境について，実際の園での工夫を知ることができます。

・大豆生田啓友・おおえだけいこ『日本が誇る！ていねいな保育——0・1・2歳児クラスの現場から』小学館，2019年。

「学びの原点は，乳児にある」ことが見事に裏づけられています。「環境を通して行う保育」の具体例が，多くの写真と共に掲載されています。0・1・2歳児の豊かな世界を魅力的に感じることができる一冊です。

・小西貴士（写真・ことば）『子どもは子どもを生きています』フレーベル館，2013年。

森で過ごしている子どもたちのいきいきとした姿が，写真と言葉で表現されています。人も自然の一部であること，そのなかでゆったりと時を重ねることの大切さが伝わってきます。『子どもと森へでかけてみれば』（2010年），『子どもがひとり笑ったら…』（2015年）もおすすめです。

Exercise

1. 人が育っていく過程で大切なこととは何でしょうか？　「環境」をキーワードに考えてみましょう。

　　①まずは，一人でじっくり考えます。

　　②次に，3〜4人のグループで語り合ってみましょう。

　　③ノートに考えをまとめてみましょう。

2. 実際の現場の保育室環境を図にし，保育者がどのような意図をもって環境を構成しているのかを考えましょう。

　　①環境構成を図にしたら，一つ一つの場所に関して想像したことを細かく書き込みます。たとえば，棚には，何がどのくらい（大きさ，数や量）あるかなどをメモし，そのねらいを探ります。

　　②保育者にインタビューして，実際のところを聞いてみましょう。

第 9 章

個と集団の育ちを支える保育

園庭の土管の上で，列になって座っている子どもたち。それぞれに，今，どんなことを感じているのでしょうか？　このうちの一人になったつもりで，その「思い」を想像してみましょう。

保育の場は，子どもにとって，自分以外の他者と共に過ごす場であり，そこには，さまざまな他者との関わりで生まれる複数の「集団」が存在しています。

　他者と共に過ごしていると，時には，自分の思いと相手の思いがすれ違ってしまったり，噛み合わないこともありますし，そのために，自分の思いをわかってもらえないもどかしさを感じることもあれば，それがわかってもらえたうれしさを感じたり，逆に，相手の思いを慮ったりすることもあるでしょう。そんなふうに，自分以外の他者と過ごす日々のなかで，子どもたちは「私」と「私たち」の世界に出会っていきます。その「私」と「私たち」の世界を，一人一人の子どもはどのように感じとり，それぞれの世界をどのように育てていっているのでしょうか？　この章では，そのプロセスを子どもたちの側から探ることを通して，「個」と「集団」の育ちを支える保育者に求められるまなざしについて考えていきたいと思います。

1 「個」を見る，「集団」を見る

　実習を終えた学生の話です。

　いつも自分のそばに来てくれる子どもとばかり関わってしまって，他の子どもとの関わりが十分にできなかった。他の子どもとも関わりたいと思い，「今日は別のお友達も一緒に遊ぼう」と子どもに伝えたら，イヤだと言われ，泣かれてしまった。

　このような話はよく耳にします。

　また，実習の最後に行われる全日実習で，自分が保育者として一日保育をするという経験をした学生の多くは，一人一人に対する個への関わりとクラス全体に対する集団への関わりをどのようにすればよかったのか，その関わりが一番難しかったと言います。

　この章では「個」と「集団」の育ちを保育者はどのように捉え，支えていけばよいのかということについて考えていきます。

Episode 1　全日実習での「個」と「集団」に対する関わり

　学生は全日実習で，つくることを楽しんでいる子どもの姿から，製作活動を行うことにしました。つくることに加え，季節を感じられるよう折り紙でドングリをつくることにしたのです。

　学生がつくり方を説明するとすぐに理解してつくり始める子どももいれば，なかなか進まない子どももいます。進まない子どもに個別に関わっていると，先にできてしまった子どもから「先生次はどうするの？」「早くやりたい」という声があがってきました。では，と進まない子どもを置いて全体に対する説明を続けると，進まない子どもはどんどん遅れていき，「わからない」「やりたくない」と言い始めてしまいます。また進まない子どもの所に戻ろうとすると，「先生，次はどうするの」「先生これでいいの」とあちらこちらから声があがり始め，実習生はその場に立ち尽くしてしまいました。

Work 1　あなたならどうしますか？

　Episode 1のような場面は，実習中によく見られる実習生の姿です。このようなとき，あなたならどうするか考えてみましょう。

2 子どもを見るまなざし

保育者は子どもが見ている世界を共に見ようとするまなざしをもって，子どもと関わっていきます。そして，一人一人への配慮と全体に目を向ける保育者としてのまなざしをもちながら，保育を営んでいくのです。

では，子どもが見ている世界を共に見ようとするまなざしとはどのようなまなざしなのでしょうか。

子どもを「見る」という行為について，佐伯（2007）は，3種類の「まなざし」があると述べています。その「まなざし」とは，「観察するまなざし」「向かい合うまなざし」「横並びのまなざし」のことを言います。

一つ目の「観察するまなざし」とは，個人の能力に焦点をあてて子どもの姿を捉え，あの子にはどういう能力があり，どういう性質があるのかを本人と関わろうとせず，後ろから眺めて推測し，評価の目で子どもの姿を捉えるようなまなざしのことを言います。

二つ目の「向かい合うまなざし」とは，保育者が自分の要求を前面に出して「期待される子ども像」を子どもに押し付け，そのような保育者の期待に何とか応えようと子どもも「がんばって」しまう関係のなかにあるようなまなざしのことを言います。

三つ目の「横並びのまなざし」とは，子どもと同じ目線，横並びになってその子どもが見ている世界を「一緒に見ましょう，共に喜び，共に悲しみましょう」として関わるまなざしのことを言います。同時に保育者である「私が見ている世界」を，あなたも一緒に見てくださいとして関わるまなざしであり，関わることを土台とした関係のなかで，相手の身になって，相手と思いを共有する共感的なまなざしのことを言います。

子どもを見るということは，目に見える子どもの行為にだけ目を向けるのではありません。言葉にできない子どもの思いやその子どもの後ろに広がる世界をも含めて見ることが子どもを見るということなのです。

→1 佐伯胖（編）『共感──育ち合う保育のなかで』ミネルヴァ書房，2007年，p. 25。

3 一人一人に応じた保育

　「幼稚園教育要領」「保育所保育指針」「幼保連携型認定こども園教育・保育要領」のなかには，「一人一人」という言葉が繰り返し出てきます。そしてそのなかには，「一人一人の子どもの発達過程や状況を十分に踏まえる」「幼児一人一人のよさや可能性などを把握し」「園児一人一人が安心感と信頼感をもって」など，一人一人の個人差に目を向け，一人一人に応じたきめ細やかな保育を考えていくことの重要性が示されています。

❶ 発達過程への理解

　発達の筋道は共通していたとしても，子どもの育ちにはそれぞれのペースがあります。発達は右肩上がりに直線的に進んでいくわけではありません。前に進んだかと思えば後ろに戻ることもあり，立ち止まるということもあります。このように，行きつ戻りつしながらその子なりの道筋をたどって発達を遂げていきます。

　保育者はこのような発達の個人差を理解したうえで，いまの子どもに必要な経験は何であるかを考え，一人一人の育ちを支えるための個と，その個々の後ろに広がる集団に対する援助を考えて次の実践を歩んでいかなければならないのです。

❷ 一人一人が出会う保育の場

　多くの子どもたちにとって，初めての社会生活を学ぶ場が保育の場です。自分とは違う他者と出会い，共に楽しみ，時に衝突し，葛藤しながら，他者を知っていきます。その違いを認め合い，受け止め合い，互いがあるがままとしての生活を営んでいくなかで協同して生活を送ることができる集団が築かれていくのです。

　「私」の世界，もしくは私と母親の世界というような狭い世界の先にある，「私たち」という集団生活の場で，さまざまな人やモノと出会う経験は乳幼児にとって重要であることは言うまでもありま

せん。ですから，保育者は子どもたちが集団生活を通して，他者と共に歩んでいく経験を重ねられるよう，また子ども自ら主体的に人と関わっていく力を育んでいけるよう，支え見守っていく必要があるのです。

「幼稚園教育要領」には，「教師との信頼関係に支えられて自分自身の生活を確立していくことが人と関わる基盤となることを考慮し，幼児が自ら周囲に働き掛けることにより多様な感情を体験し，試行錯誤しながら諦めずにやり遂げることの達成感や，前向きな見通しをもって自分の力で行うことの充実感を味わうことができるよう，幼児の行動を見守りながら適切な援助を行うようにすること[2]」と書かれています。つまり，子どもは信頼できる大人との関わりを経て，他者との関わりを広げていきます。子どもたちが他者と共に生きることを学ぶ保育の場で，信頼できる大人となる保育者の存在は，とても重要な役割を果たしているのです。

➡2 「幼稚園教育要領」第2章「ねらい及び内容」の「人間関係」の3「内容の取扱い」の(1)。

❸ 一人一人から始まる保育

倉橋惣三は，幼稚園の生活を，組から分団，分団から個へという順番で考えることに異を唱え，「幼稚園の生活が幼児一人ひとりの自由感をもって，個の生活から始まっているとすれば，個からグループへという順序になるのが自然ではありませんか[3]」と述べています。

つまり，子どもを主体とした保育，個々の子どもの生活から始まる保育であればクラスやグループの集団生活から保育を考えるのではなく，一人一人個々の生活から集団の生活を考えていくのが自然であり，そうなるのが当然であると言うのです。

しかし，この当然と思われる保育を実践しくことは，そんなに簡単なことではありません。集団で生活をしていると，知らず知らずのうちに保育者は一人一人の子どもの生活よりもクラス集団としての生活を優先した保育を進めていってしまうことが，往々にしてあるのです。

➡3 倉橋惣三『幼稚園真諦』フレーベル館，2008年，pp. 113-116。著者の倉橋惣三（1882-1955）は日本で「児童中心主義」を確立した，幼児教育の父と呼ばれた人です。ここであげた『幼稚園真諦』（2008年）の初版は1934年に『幼稚園保育法真諦』として刊行されました。その後，新書や文庫でも『幼稚園真諦』として刊行され，倉橋の理論・思想を理解する基本書として，現代でも読み継がれています。

❹ 一人一人の思いを尊重する

➡4　浅見佳子・瀬川千津子・宮里暁美・横山草介『子どもからはじまる保育の世界』北樹出版，2018年，pp. 89-90 より，事例の一部を修正し，まとめなおしています。

> ### Episode 2　　　集団の生活と個の生活[4]
>
> 　2歳児担任の佐藤先生は，何をするにも時間を要するタクヤくんに対して，何度も声をかけることがありました。しかし，その声はタクヤくんに届くことはなく，先生が「トイレに行こう」と言っても行かず，「着替えをしよう」と言っても着替えようとはしませんでした。先生はタクヤくんがみんなと一緒の生活時間をスムーズに送れるようにと考え，援助を行っていたのですが，そのように促せば促すほど，先生の声はタクヤくんに届かなくなっていきました。
>
> 　しかし，ある出来事をきっかけに，佐藤先生のタクヤくんに対するまなざしが変化していき，タクヤくんが時間を要することにどんな意味があるのかとおもしろがって見られるようになっていきました。すると先生の声がタクヤくんに届くようになっていったのです。
>
> 　佐藤先生は，クラスのみんなを同じようにさせるのではなく，個々の思いを尊重し，余裕をもって関わることで，一人一人が納得づくで行動するので，物事がスムーズに運ぶようになっていったと話してくれました。

　Episode 2 の佐藤先生は，タクヤくんがクラスのみんなと同じ経験ができるようにとさまざまな援助をしていました。みんなと同じようにできるようになることが，タクヤくんにとって大切なことと考えていたのかもしれません。ただ，この関わりのなかには「タクヤくんがどうしたいのか」「タクヤくんはどのような世界を見ながら園生活を過ごしているのか」ということへのまなざしは感じられません。クラスのなかでよいとされている世界にタクヤくんを促そうとしてしまっているのです。

　しかし，タクヤくんの世界に目を向け，なぜタクヤくんは何事にも時間を要するのか，そこにはどのような意味があるのかを知ろうとすると，いままでは見えなかったタクヤくんの世界が見えるようになっていきます。そして，タクヤくんも自分の見ている世界を理解してくれる先生の思いを受け止め，佐藤先生が見ている世界にも目を向けようとする関係が築かれ，先生の声が耳に届くようになっていったのではないでしょうか。

➡5　結城恵『幼稚園で子どもはどう育つか──集団教育のエスノグラフィー』友信堂高文社，1998 年，pp. 24-30。

　結城（1998）[5]は，子どもたちが保育者によって編成されたさまざまな集団に属して生活をしていくと，その集団の一員であるという自覚をもつことが促され「子どもの個人的な要求や行動は集団の行

➡ 6　佐伯胖「子どもを
『教える対象としてみない』
ということ」『発達』138,
ミネルヴァ書房，2014年，
pp. 2-9。

動へと方向づけられていく」ことを示唆しています。

　佐伯（2014）は，わが国の「教育（保育）」について，一人一人に
「寄り添うこと」も大切だが，集団としてクラスの「統制をとる」
ことも重要視され，クラス全体が一致団結して，「スゴイこと」を
やり遂げること，それこそが「教育の成果」として称賛され，それ
を「指導した」教師は，「さすが○○先生」と褒めそやされること
が往々にしてあると述べています。

　繰り返しになりますが，「個」と「集団」にしっかり目を向け，
保育を行っていくことは，そんなに簡単なことではありません。一
人一人を大切に考えるということは，保育者であれば誰もが理解し
ていることです。しかし，クラスで大勢の子どもたちを見ていると
「クラスをまとめなければならない」「みんなをできるようにしなけ
ればならない」という思いが強くなり，個よりも集団の姿を優先し
てしまうことが少なくないのです。

➡ 7　鯨岡峻『両義性の発
達心理学』ミネルヴァ書房，
1998年，pp. 202-204。

　鯨岡（1998）は，「一人の子どもを一個の主体として育てる面と，
集団の一員として育てる面とは，確かに保育の場でしばしば矛盾・
対立するように見えます」と個と集団の両義性を指摘し，保育の場
において，子ども一人一人を丁寧に見ることと，子どもを集団のな
かの個として見ることとの狭間でいろいろと苦労することが求めら
れることになると述べています。

　このような現状をふまえて，「個」も「集団」も育つ保育を，ど
のようにして考えていけばよいのでしょうか。

4　子どもへのまなざし

❶ 子どもの思いに目を向ける

Work 2 🖊　一人一人の思いとは？

　Episode 1（p.141）の製作活動を一人一人の子どもの思いに目を向けて見ると，どのような思いが
見えてきますか？

　Episode 1の製作活動を「子どもの思い」に焦点をあてながら順番に考えていってみましょう。

　まずは参加の仕方について考えてみましょう。同じ時間，同じ場所にみんなが集められました。このときの子どもの思いに目を向けると，参加したい子どももいれば，参加したくない子どももいるのかもしれません。

　次に，つくるものについて考えてみましょう。学生は秋の季節を感じられるものとしてドングリ製作を行うことにしました。しかし，子どもは秋の季節に対してどのようなイメージをもっているのでしょうか？

　どんぐりをイメージする子どももいれば，イチョウや焼き芋をイメージする子どももいるかもしれません。仮にみんながドングリをイメージしたとしても，ドングリにはクヌギもあればシイノミ，コナラなどさまざまな種類があります。そうなると，保育者が示している"ドングリ"は一人一人が思う"ドングリ"ではないのかもしれません。

　つくる素材についてはどうでしょうか。ドングリをつくるとなったとき，みなさんはどんな素材を用意しますか。折り紙でしょうか，粘土でしょうか。子どものなかには，毛糸や石，もしかしたらドングリそのものを使ってつくるという子どもが出てくるかもしれません。

　つくる工程についてはどうでしょうか。先生が指導するどんぐりのつくり方以外に，どのようなつくり方があるでしょうか。子どもたちはどのようしてドングリを表現したいと考えているのでしょうか。

　改めて子どもの思いに目を向けてみると，新たなドングリづくり，新たな保育者の援助が考えられるように思います。

❷ 子どもの自発的，主体的な取り組みを考える

Work 3　🖉　「私」から「みんな」へ「みんな」から「私」へ

　Episode 1（p.141）の製作活動をクラス全体に広がっていくというまなざしをもって見たとき，どのような保育の展開が考えられますか？

子どもたちの自発的，主体的な遊びのなかで個から集団へ，または集団から個へと遊びが広がっていくというイメージをもちながら，保育の展開を考えてみましょう。

　まずは製作をする時間について考えてみます。子どもたち自らやりたい，つくりたいと思えるような空間，環境づくりをしたうえで，しばらく"ドングリづくりコーナー"を準備しておいたらどうなるでしょうか。「やりたい」という子どもはすぐに製作を始めるかもしれません。その友達の様子を見て，「やってみたい」という子どもが増えてくることも考えられるのではないでしょうか。逆にあまりドングリづくりに興味をもっていない子どもが，みんなが取り組んでいる姿を見て，「やってみようかな」という意欲を引き出されることもあるかもしれません。このような姿のなかには，個からも集団からも遊びが広がっていく，一人の楽しみが周りのみんなに伝わっていく，逆にみんなの遊びが一人に伝わっていく様子がうかがえます。

　次に，つくるための素材はどうでしょうか。「この素材で」と一つの素材でつくるということもあるでしょう。同じものを使って違う表現が生まれるおもしろさも確かにあります。しかし，紙一つとってもさまざまな素材の紙があります。できる限り子ども自身がさまざまな素材に触れながら自ら選んで取り組んでいける環境があると，子どもの創造意欲が増し，さまざまなイメージをもって製作に取り組めるのではないでしょうか。また，自分とは違う素材を使ってつくろうとしている友達を見て，「それどうやるの？」「その素材はどこにあるの？」「一緒にやろう」という子ども同士の関わりが生じやすくなることもあるかもしれません。

　つくり方はどうでしょうか。子どもがつくりたいものをそれぞれに選び取っていくことで，一人一人の個々が伸び伸びと自分を表現した作品が生まれるように思われます。そして，素材選びと同様に，自分とは違う友達の発想に触れ，創作意欲が掻き立てられることがあるのではないでしょうか。

　また，Episode 1のような方法で製作活動を行うのであれば，つくり方の工程をイラストにして掲示しておく，実際につくったものを飾っておくなどの工夫をするとよいのではないかと思います。やり方を見て自分で挑戦する，わからないところは，子ども同士で教え合う姿も見られるかもしれません。

　また，それぞれの作品をみんなで鑑賞できるように保育室に飾る，飾りのレイアウトを子どもと一緒に考える，もしくは，子どもたち自身でレイアウトを考えて飾るということもおもしろいでしょう。みんなの作品が飾られるのを見て，「自分も飾りたい」と参加する子どもが出てくるかもしれません。

　目の前の子どもの姿を丁寧に見守りながら，焦らず，子どもから「やりたい」という声があがるのを待ってみる。このような時間をしっかり確保していくことも重要なことでしょう。

　また，遊びの展開が止まったならば，保育者も遊びの提案をしてみることが重要だと思います。たとえば，みんなのドングリがなる木づくりを提案してみたり，子どもたちのいろいろな形のドングリづくりから，実際に形の異なるドングリの種類を知っていく環境づくりをしてみるのも一つでしょう。このように保育者も子どもと一緒になって遊びを考えていくことは，保育者主導の「させる」保育とは違い，子どもと共に保育をつくっていくということにつながるのではないかと思います。

5 「個」が育つ，関係が育つ

　ここまで，一人一人に応じた保育の重要性とともに，「個」と「集団」が育っていくために必要な関係の広がりについて考えてきました。ここからは「集団」の育ちに注目して考えていきます。

　私たちは人との関わりのなかに生きています。ですから，一人一人の子どもが関係を紡ぎながら，他者と共に生きる力を育んでいくという点にもしっかりと目を向けた保育を考えていかなければならないのではないでしょうか。

　大人の思いどおりの生活をさせるのではなく，子どもたち自ら，他者と協同して自分たちの生活をつくっていく。そのような力を身につけていってほしいと多くの保育者は考えていると思います。0歳児から他児への関心や関わりは生じますし，1，2歳児クラスにおいても集団としての育ちは大切に考えられています。その育ちのなかで特に3歳以上の幼児の段階においては，他者との関わりが広がり集団としての育ちも著しく見られるようになるので，個の育ち

▶8　神田英雄「子どもの発達と集団『一人ひとりをたいせつに』についての試論」『現代と保育　集団づくりって何だろう』29, ひとなる書房, 1992年, pp. 83-117。

▶9　森上史朗・今井和子（編著）『集団ってなんだろう——人とのかかわりを育む保育実践』ミネルヴァ書房, 1992年, p. 54。

▶10　佐伯胖『幼児教育へのいざない——円熟した保育者になるために（増補改訂版）』東京大学出版会, 2014年, p. 98。

同様，集団に対する育ちの姿を保障していくことが求められます。では，そのような集団の育ちはどのようにして築かれていくのでしょうか。

　神田（1992）[8]は「個と集団」を考える視点として，「個と集団」を個が集団にどう入っていけるのかという「適応」や，「社会性の発達」という側面から見るだけでは狭すぎると言います。「その子の外側に人間らしい集団がどう築かれていくのかという面と，それによって，一人ひとりの内面に人間らしい世界がどう築かれていくのかという面と両方を捉えることが，個と集団を考える基本的な視点とならなければならない」と述べています。

　今井（1992）[9]は，保育者は，「日々の生活に追われているとつい，目の前の子どもの集団適応に躍起になってしまい，ゆったりとした視野を広げて子どもの成長の過程をみるということができません」と言い，「卒園の時期に及んではじめて『○○ちゃん確かに変わったわね』といった感慨をもってみることがある」と述べています。

　「個」が育つということは，集団に適応できるようになったかならないかで，判断するものではありません。「個」が育つとは，その子どもの周りに関係が紡がれていき，個と共に関係も一緒に育っていくということなのです。

　そして，「個」と「個」がつながり，別の「個」につながっていく。この過程のなかで，集団としての私たちという関係を築いていきます。ですから，集団はつくるものではなく，一つ一つのつながりの先に現れてくるものなのだと理解することが大事なのではないかと思います。

　保育者が全体的にバランスのとれたグループを決めてうまく集団がつくられたとしても，それは見た目にはよくまとまった集団であったとしても，本当の関係が紡がれて現れた集団とは言えないのです。

　保育者は常に「個」を大切にしながら，一人一人の子どもの周りに広がる「関係の網目」[10]にもしっかりと目を向けていくことが大切なのです。つまり，一人一人の子どもの後ろに広がる世界に目を向けていくということが必要になるのです。

❶ 保育者と子どもの関係から子ども同士の関係へ

Work 4 🖊 　「個」と「集団」の育ちとは？

　まず，次の Episode 3 と Episode 4 を読んでください。そして，各 Episode の解説を読む前に，子どもたちの姿のなかにある「個」と「集団」の育ちについてどのように捉えるか考えてみましょう。

Episode 3 ⛑ 　「先生！　違うよ」（3 歳児）[11]

　クラスで旗をつくろうということになり，みんなで大旗をつくりました。大きな大きな旗をみんなの手で完成させたとき，配慮の必要なアサオくんが旗の上に走り込んできました。その姿を見た担任は思わず「アサオくん走っちゃだめ！」と注意をして止めました。すると，ヨシオくんが「アサオくんは足でやりたいんだよ。足に絵の具をつけてあげて。僕たちがやったのの上を走っていけば，クラスの旗になるじゃない」と言いました。

[11]　前掲書（➡ 4），pp. 133-134 より事例の一部を修正しまとめなおしています。

　この旗づくりの場面では，保育者が子どもを支えるのではなく，子どもたち同士が支え合っています。ヨシオくんが大切な仲間としてのアサオくんを支えているのです。保育者と子どもの関係ではない子ども同士の関係，この関係こそ一人一人の関係がつながり広がって「自分たち」という集団が築かれていっていると考えることができるのではないでしょうか。

　保育者が主体となって集団をつくったのではなく，子どもたちが大事だと考える仲間の姿を認める集団を自分たちで築き，その集団のなかにアサオくんのあるがままの姿を大切にしようとしているように思われます。

[12]　前掲書（➡ 9），pp. 218-219 より一部抜粋。

Episode 4 ⛑ 　先生あっちに行ってて──子どもが大人を遠ざけたいとき[12]

　すっかり仕事の手順を覚えた秋のこと，ゆうこに，こういわれてしまいました。「先生，いなくてもいい。あたしたちだけでするから」。「そう，何かあったらどうするの」と聞けば，「どうしてもできないことがあったら呼びにいくから」と答えます。そこで，子どもに仕事を任せて，その場を離れました。しばらくすると，ゆうこのグループのひとりがとんできました。「あのね，押し入れの戸がはずれ

ちゃったの，ちょっと来て」行くと，床から少し上にある押し入れの戸を持ちあげようと苦闘していました。戸をはめると，「先生，あとはもういいよ」と，またしても押し出されてしまいました。

この事例においても，保育者が主体となるのではなく，子どもが主体となって問題を解決しようとする姿があります。そこには，私だけではない私たちという関係がしっかり築かれていることがわかります。それが「あたしたちだけでするから」という言葉です。その言葉どおり，戸が外れてもまだなお，自分たちで直そうと苦闘する姿は，保育者ではなく，自分たちで解決したい，自分たちが直したいという思いなのではないでしょうか。この姿には保育者との関係を支えにしながらも，私たちという関係のなかで，個と集団が育っていると捉えることができるように思われます。

保育において「個」と「集団」のどちらも大切であることを述べてきました。ただ，前にも述べたように，このどちらも大事にしていくことは簡単なことではなく，気づかぬうちに「個」に偏りすぎてしまう保育，「集団」に偏りすぎてしまう保育に陥ってしまうことがあることを，常に意識しておく必要があるように思います。

Episode 3，Episode 4 の姿からも，子ども自身が育ち，その周りの関係も育っていることがうかがえます。そうなったとき，保育者は子どもを信頼し，子どもが「先生！　いまは先生の力が必要！」と言ってくるのをじっくりと腰を据えて待つ。そのような姿勢で子どもと関わっていくことで，子どもたちは安心して自分たちの力を発揮し，自信をもってさまざまなことに挑戦していくことができるのではないかと思います。

❷ 子どもも保育者も共に生きる

今から50年ほど前のある保育者の実践記録に，失恋をしたあとの朝の会で子どもたちの前で泣いてしまったという一コマがあります。[13]

担任の難波先生は誰かがぶんなぐってくれたら目がさめるだろうと子どもたちに自分を叩いてもらいます。痛いのと悲しいので涙は止まりません。その涙を自分の前に立っている子どもの服でふいてしまったり，子どもに泣くなと言われても「いいのよ，先生弱虫なんだから」と開き直ったりします。髪をとかしてくれる子どもがい

→13　ここでは，筆者が次の文献をもとに要約し紹介します。河本ふじ江（編著）『レンガの子ども』ひとなる書房，2009年，pp. 217-222。

れば，先生と一緒に泣き出す子どももいるなかで，子どもたちから「ナンバー，ガンバレ」の掛け声が始まります。その掛け声でまた涙が止まらず泣き続けます。そして翌々日の朝の会で，子どもたちに「この前はないちゃってすみません」と謝ったというのです。

　困った保育者と言われても仕方のない場面で，どちらが子どもで，どちらが保育者だかわかりません。

　ただ，難波先生は子どもたちに謝った後，「ありがとう。仲間だもんね。みんなも悲しいことがあった時，みんなに教えてね。難波先生，及川先生も子どもも仲間だから，元気つけっこしようね」と言います。その姿からは保育者も子どもも対等な立場の人としてその場にいる様子がうかがえます。そして，仲間の一人である先生が泣いている。その先生をどうにか励まそうとあれやこれやと考えている子どもの姿は心に響きます。

　Episode 3 の保育者もあの後，「アサオくんの気持ちを考えずにごめん」と謝り，そのことに気づかせてくれたヨシオくんに対してお礼を伝えて反省しています。自分には見えていなかったアサオくんの思いをヨシオくんによって気づかされ，新たな見方を学んでいるのです。

　また，Episode 4 の保育者もあの問題の解決に取り組む子どもの姿から，子どもができる仕事はまだまだあるだろうと生活を見直し，考え直していきます。

　これらの場面から，保育者は子どもを支えつつも子どもに支えられ，助けられてさまざまな気づきを得ています。つまり，子どもから多くのことを学んでいるのです。

　子どもも保育者も共に生きるとは，一人の人間として子どもと保育者とが，横並びになって日々を歩んでいくということです。子どもと保育者が「今日は悲しいんだ」「これをやりたい」「これはやりたくない」「これは知らない」「教えて」「一緒にやろうよ」というように，自由な自己表現，自己決定，拒否できる関係，提案し誘い合える関係を築いていくことが，「個」と「集団」を考えていくうえで何よりも大切なことなのではないかと思います。

　子どもは日々の生活のなかでさまざまな人と出会い，自ら多くのことを学んでいきます。その育ちを支えるために保育者は子どもを信頼し，子どもと対話していくことが重要なのです。

　子どもが何をしたいと思っているのか，何に興味や関心をもって

いるのか，子どもが実現したいことはどのようにしたらできるのか。子どもはなぜ一緒にやりたくないのか，なぜ一緒にやりたいのか。子どもの思いに目を向けると同時に，保育者として今の子どもたちにはどのような経験が必要なのかを必死になって考えて，その思いを子どもにきちんと伝え，提案をしていく。

　子どもと共に保育者も一人の仲間として日々を営み，時にぶつかり合いながら，時に譲り合いながら，共に保育をつくっていく。そのような日々の生活のなかで，保育者も含めた個も集団も育つ保育は育まれていくのではないかと思います。

Book Guide

・森上史朗・今井和子（編）『集団ってなんだろう――人とのかかわりを育む保育実践』ミネルヴァ書房，1992年。
　実践を通して子どもが人と関わる道すじを学ぶことができ，一人一人の育ちと集団の育ちについて考えるヒントを得られます。
・津守真『子どもの世界をどうみるか――行為とその意味』NHK出版，1987年。
　日々の実践のなかにある子どもの姿から一人一人の行為にじっくりと目を向け，その行為の意味を発見し，子どもの理解を深めていくことができる本です。

Exercise

1.さまざまな子どもの姿を「横並びのまなざし」で捉えながら，一人一人の子どもの育ちについて話し合ってみましょう。
2.さまざまな子どもの姿のなかにある「個」の育ちと「集団」の育ちをみんなで探してみましょう。
3.「個」も「集団」も育つ保育を実践していくためには，どのようなことを大切に考えていけばよいのでしょうか。みんなで話し合ってみましょう。

第 10 章

家庭や地域との連携をふまえた保育

年長児が保護者や家族の人を呼んで，お店屋さんを開いています。家族の
人が来るということで，どんなお店を開きたいか，売る商品はどのように
つくるかなど，一生懸命話し合ってきました。保育を行ううえで，家庭や
地域との連携が大事だと言われています。それはどうしてでしょうか。

写真のように，年長児が保護者に向けてお店屋さんを開くまでには，クラスでさまざまな話し合いを重ねていきます。自分のやりたいお店屋さんがすぐに決まる子もいれば，何をしていいか，ずっと迷っている子もいます。保育者がお店の内容を決めてさせるのではなく，子どもたちが企画して，子どもたちで進めていくのですから，何らかのイメージを子どもたちがもっている必要があります。

　そのため，これまでの経験のなかで，どの程度ごっこ遊びをしてきたか，また日常のなかで，どれだけ心が動かされる経験や情報に接してきたかといったことも，どんなお店になるのかを大きく左右させることになります。また，保護者が来て自分のつくったものを買ってもらえる，自分のお店で遊んでもらえるということも，子どもたちのやる気を高める大きな一因になっています。

　お店屋さんだけでなく，子どもたちが夢中になって遊び込むためには，家庭や地域での経験が大きく影響します。楽しい経験だけでなく，お医者さんごっこなどのように，子どもにとって苦手だと思える経験でも，子どもにとって印象深いことは，自分たちでも取り組んでみたくなるのです。

　また，家庭との連携では，自分が家族から温かく受け入れられているという安心感や信頼感が，子どものさらなる主体性を発揮させることにつながります。子どもにとって，保護者が園に来てくれて，一生懸命お店屋さんに取り組んでいる姿を認められることは，なによりもうれしい一コマなのです。

　この章では，家庭や地域と園の連携が求められる背景やその意味，さらにどのように連携していくのかなどについて，具体的に学んでいきます。

　園における家庭との連携には，大きく分けて，子どもや保護者に対する支援という側面と，保育の質を向上させるためにより深く子どもを理解する貴重な機会という側面があります。

　また，地域との連携も同様に，地域社会に対する子育て支援という側面と，地域に存在する別の社会資源を有効に活用して保育の質を向上させる取り組みという側面があります。

　これらはそれぞれ密接に関連し合い，分かち難い関係を構築していますが，この章では便宜上，「家庭－地域」と「支援－保育の質向上」という2つの軸で説明していくことにします。

1 子育て支援としての家庭との連携

　保育所保育指針には保育所の役割として，家庭と緊密に連携することと，保護者に対する保育に関する指導を行うことが明記されています（表10-1）。保育所の保育が，施設のなかだけで完結するのではなく，家庭と連携し保護者の子育てを支援することまで含めて営まれることが求められている意味を，改めて考えてみましょう。

　1960年代の高度経済成長以降，都市化の進行に伴って過疎と過密の二極化が進み，家族の形態や機能が大きく変化しました。1990年の1.57ショック[1]以降も少子化は進行し，過疎地域では子ども会が運営できなくなったり，小学校の運動会も複数学年の合同でないと競技が成立しなくなったりしています。

　また，スマートフォンやタブレットなどの情報端末の普及によって，直接顔を合わせずに成立するコミュニケーションが一般化しました。さまざまな情報を瞬時に得ることができるようになった反面，血縁・地縁によって支えられ蓄積されてきた地域の子育て文化は衰退してしまいました。家族・親族の枠を越え，近隣住民が相互に子育てを支援し合うことで自然と継承されてきた，子育てに関する知識や技術が途絶えてしまったのです。

　そのため，園と保育者はより積極的に家庭と連携し，保護者の子育てを支援することが求められているのです。

　園が家庭や地域と連携することを通じて行う支援は，①子どもに対する支援，②保護者に対する支援，③ネットワーク構築に関する

▶1　1.57ショック
　1990年に発表された，1989年の合計特殊出生率（一人の女性が出産可能とされる15〜49歳までに産む子どもの数の平均）が，過去最低であった1966年の1.58を下回った衝撃を表しています。

表10-1 保育所の役割としての家庭との連携等

イ 保育所は，その目的を達成するために，保育に関する専門性を有する職員が，家庭との緊密な連携の下に，子どもの状況や発達過程を踏まえ，保育所における環境を通して，養護及び教育を一体的に行うことを特性としている。
ウ 保育所は，入所する子どもを保育するとともに，家庭や地域の様々な社会資源との連携を図りながら，入所する子どもの保護者に対する支援及び地域の子育て家庭に対する支援等を行う役割を担うものである。

▶出所：「保育所保育指針」第1章「総則」1「保育所保育に関する基本原則」の(1)「保育所の役割」より。

支援の3つに大別することができます。ここでは，支援としての家庭との連携という視点で，子どもと保護者に対する支援について考えてみましょう。園と地域あるいは保護者と地域を互いに顔の見える関係へと導くという点から，ネットワーク構築に関する支援は，地域との連携として後で触れることにします。

❶ 子どもに対する支援

　子育て支援と聞いて真っ先に浮かぶのは，保護者に対する支援ではないでしょうか。しかし，園が家庭と連携する最大の目的は，子どもの健やかな育ちと豊かな学びの保障にほかなりません。保育所における保育は，長期間・長時間にわたる預かり型の子育て支援と捉えることもできます。ともすれば保護者の就労支援や子育てに関する不安・負担感の軽減を優先しがちになりますが，そうした関わりが子どもの最善の利益を保障することにつながっているのかどうか，常に意識している必要があります。

　子どもの最善の利益とは，子どもに関わることについて，それに関わる大人は，現在や未来において子どもによりよい結果をもたらすように関与しなければならないとする考え方で，子どもの権利条約に明記されています。園においては，入園から卒園までだけではなく生涯にわたって，また保育中に限らず家庭での生活においても，安全で幸福にいられることを目指して子どもと関わることが必要です。そのためには子どもへの直接の関わりはもちろんのこと，家庭への働きかけにおいても，長期的で包括的な視点をもつことが大切です。

　たとえば，睡眠・食事・排泄などに関して園と家庭が密接に連携することは，短期的に見れば保護者の負担を増やすことにもなります。しかし，健全な生活のリズムをつくり出し，心身の成長発達を

➡2　子どもの権利条約（児童の権利に関する条約）
第3条
1　児童に関するすべての措置をとるに当たっては，公的若しくは私的な社会福祉施設，裁判所，行政当局又は立法機関のいずれによって行われるものであっても，児童の最善の利益が主として考慮されるものとする。

促したり，情緒の安定を図ることは，子どもの最善の利益を保障する立場からはないがしろにできません。具体例をあげれば，就寝時刻が遅く生活リズムが夜型になりがちな子どもに対する支援の一つとして，家族全員の生活リズムを見直す提案をすることなどです。出勤前・退勤後の保護者の生活を変えることが中心になるので，保護者にとっては一時的に負担が増えるでしょう。しかし，子どもの生活サイクルを健全化することは，子どもの健全な発達と情緒の安定につながるので，子どもの最善の利益を保障することだけにとどまらず，長期的に見れば家族にとっても有益です。

❷ 保護者に対する支援

　保育所における保護者に対する支援としては，「就労支援」「育児相談」「家庭・家族に関する支援」「孤立防止」「虐待防止」などが考えられます（表10-2）。
　「就労支援」は，保護者が仕事と育児を両立させるための支援です。保護者が保育所を利用するためには，自治体から保育を必要とする認定を得なければなりませんが，多くの保護者が就労を理由にしていることからわかるとおり，就労支援は保育所における保護者に対する支援の中心に位置するものです。家庭の経済的な基盤が安定することは，子どもの健全な成長・発達のためにも重要です。一方で，長時間の保育が子どもに与える影響についても十分配慮し，保護者と共有する必要があります。
　「育児相談」は，保護者の子育てに関する不安や悩みなどを軽減するためのカウンセリングや助言が中心になりますが，子育てに必要な知識や技術を伝授することもあります。都市化と少子化の進行で，かつては家庭や地域社会で伝えられてきた知識や技術に触れることがないまま子どもをもつに至った保護者も増えています。知識や技術がないことが，不安や困難につながっていることも少なくありません。また，相談の過程で保育所に対する信頼感が高まると，保護者が心を開いて自身の成育歴など，子育ての悩みに関わりが深いことを打ち明けてくれることもあります。深刻な問題はもちろんのこと，送迎時の対話や連絡ノート等を通じて日常的に投げかけられる軽い相談ごとにも真摯に対応して，信頼関係を構築することが大切です。

表10-2 保育所を利用している保護者に対する子育て支援

> (1) 保護者との相互理解
>   ア 日常の保育に関連した様々な機会を活用し子どもの日々の様子の伝達や収集，保育所保育の意図の説明などを通じて，保護者との相互理解を図るよう努めること。
>   イ 保育の活動に対する保護者の積極的な参加は，保護者の子育てを自ら実践する力の向上に寄与することから，これを促すこと。
> (2) 保護者の状況に配慮した個別の支援
>   ア 保護者の就労と子育ての両立等を支援するため，保護者の多様化した保育の需要に応じ，病児保育事業など多様な事業を実施する場合には，保護者の状況に配慮するとともに，子どもの福祉が尊重されるよう努め，子どもの生活の連続性を考慮すること。
>   イ 子どもに障害や発達上の課題が見られる場合には，市町村や関係機関と連携及び協力を図りつつ，保護者に対する個別の支援を行うよう努めること。
>   ウ 外国籍家庭など，特別な配慮を必要とする家庭の場合には，状況等に応じて個別の支援を行うよう努めること。
> (3) 不適切な養育等が疑われる家庭への支援
>   ア 保護者に育児不安等が見られる場合には，保護者の希望に応じて個別の支援を行うよう努めること。
>   イ 保護者に不適切な養育等が疑われる場合には，市町村や関係機関と連携し，要保護児童対策地域協議会で検討するなど適切な対応を図ること。また，虐待が疑われる場合には，速やかに市町村又は児童相談所に通告し，適切な対応を図ること。

▶出所：「保育所保育指針」第4章「子育て支援」の2「保育所を利用している保護者に対する子育て支援」より。

　保護者からの育児に関する相談に乗っていると，不安や悩みの背景に，家族の問題があることがわかる場合もあります。夫婦間の問題や，他のきょうだいの育ちに関する悩みが，育児不安の要因となることは珍しいことではありません。子どもの最善の利益を保障する観点からも，「家族・家庭全般に対する支援」が必要な場面もあります。

　同じように，地域社会のなかで家庭が孤立しないように，あるいは家庭内で保護者が孤立しないように助言することも重要です。保護者の「孤立感」は不安や負担感を強め，結果的に子どもに悪影響を与えます。ネットワークにつなげる具体的な支援も必要ですが，「一人きりではないですよ」「いつも気にかけていますよ」と寄り添う姿勢を保つことで安心感を与えることが大切です。

　上記のような関わりを積み重ねることで，保護者との信頼関係が構築されます。また，丁寧な情報共有の結果，普段顔を合わせない家族の様子や，保護者の成育歴などをうかがい知ることもできます。「虐待」の兆候にいち早く気づいたり，保護者の負担感や孤立感を軽減することで，虐待につながるような親子関係の悪循環を断ち切ることも保護者支援の一つと考えることができます。

Work 1 ✏　子どものニーズと保護者のニーズ

　保育所における保護者への支援のうち，場合によっては子どもの最善の利益を阻害する恐れがあると考えられるものをノートに書き出してみましょう。そして，グループごとにその理由や改善案を話し合いましょう。

　例）　生活リズムが安定せず，家庭で朝食をとってから登園することができない子どもに，園で朝食を提供する。

【理由】　保護者の負担を減らし，子どもの食生活を安定させることもできるが，親子の愛着関係の構築を阻害したり，保護者が自律的に家庭における生活のリズムを整える機会を奪うことも考えられる。

【改善案】　朝食の大切さ，家庭で親子一緒に食事をとることで培われる関係性について丁寧に伝え，支援を段階的に減らして保護者の自立を促す。

2　子育て支援としての地域との連携

❶ 園児保護者のネットワーク構築への支援

　保護者に対する支援のところでも孤立防止が重要であると述べましたが，園を地域の社会資源として捉えたときには，保護者のネットワークづくりを助ける役割はさらに重要性を増します。

　もっとも身近なネットワークとして，園児の保護者同士の関わりが考えられます。保育所では送り迎えの際に自然と保護者同士が顔を合わせることができます。セキュリティやプライバシー保護に関する配慮は必要ですが，保護者同士が顔見知りとなり，相互に支援し合えるような関係を構築できるように支援することは，保育所の重要な役割と言えます。

　都市化と少子化が進み，過疎化が進行している地域では，これまで子育て世代の保護者同士をつなぐ役割を果たしていた子ども会の運営が成立しなくなっています。その一方で，保育所や幼稚園で築かれた保護者のネットワークが，子どもの卒園以降も長く続く関係の基盤となることが多くなり，地域における園が果たす役割が増してきていると言えるでしょう。

保護者同士のネットワーク構築支援には，上記のように日常の関わりを基盤に成立した自然発生的なものを支える側面と，保護者会（父母の会，PTA）のような公的な組織の運営を援助する側面があります。また，園によっては保護者有志によるサークル活動のような，それらの中間に属するものが成立することもあります。子どもと同じように，保護者も一人一人，人との関わりの距離感や深さの好みが異なります。そのため，多様で柔軟な関わり方が許容されるネットワークが構築できるように配慮することが大切です。

❷ 地域の子育て環境への支援

地域子育て支援センター機能がある園はもちろんのこと，地域に開かれた園を目指して園庭開放などを積極的に行っている園には，近隣の親子が日常的に訪れます。地域の子育て世代の保護者同士をつないだり，さらに園児保護者も加えたネットワークを築く支援も園の役割として期待されています。

1990年代中頃から2000年代中頃までは地域の児童公園で親子が知り合い，自然発生的な子育て相互支援のコミュニティが形成されることが多く，そうしたコミュニティに新たに加わることが俗に「公園デビュー」と呼ばれていました。しかし，少子化の進行と夫婦共働き世帯の増加により，保育所に通っていない子どもの数が減少したことから，こうしたコミュニティも成立しなくなってきています。核家族化の進行により，祖父母世代から親世代へ子育て文化の伝承が困難になるのと並行して，少子化の進行により地縁による相互支援コミュニティも成立が難しくなったわけです。こうした背景から，園は地域の社会資源として蓄積してきた子育てに関わる知見を発信したり，具体的な援助を行ったり，ネットワーク構築の基幹を担うことが求められるようになりました。▶3

具体的には，園庭開放，育児相談などで日常的に園を地域に活用してもらう一方で，子育て講演会，絵本展，おもちゃ展などを開催し，子育ての文化に触れてもらいつつネットワークにつなげていくなどの支援を行っています。

また，近年ではカフェを常設したり，地域と協力してマルシェ（市場）を定期開催することで，子育て世代以外の近隣住民にも身近な存在として認識されるように努める園も増えてきました。

▶3 「保育所保育指針」第4章「子育て支援」の3「地域の保護者等に対する子育て支援」の(1)「地域に開かれた子育て支援」として以下のように示されています。
「ア　保育所は，児童福祉法第48条の4の規定に基づき，その行う保育に支障がない限りにおいて，地域の実情や当該保育所の体制等を踏まえ，地域の保護者等に対して，保育所保育の専門性を生かした子育て支援を積極的に行うよう努めること」。

3 保育の質を高めるための家庭との連携

❶ ドキュメンテーション等を通じた共有

　近年，ドキュメンテーション等，写真を活用した情報共有の手法を取り入れる園が増えてきました。日々の生活のなかの何気ないエピソードや，子どもの興味や関心から始まった遊びの展開を写真に捉え，主に保護者に向けて発信する取り組みです。単に写真を掲示するだけではなく，子どもが実際に発した言葉を紹介したり，子どもの表情や行動などから保育者が読み取ったことを書き添えることで，園での日々の生活のなかにある育ちや学びを紹介していきます。

　ドキュメンテーションのように写真を活用した情報発信は，直観的に理解しやすく，読み手の共感を得やすいのが特徴です。保育者は一方的な情報発信に終わらせず，保護者との対話のきっかけづくりになることを意識してドキュメンテーションを作成します。送迎時などに子どもの活動について語り合うことで，保護者は子育てに関する有益な情報を得たり，園の理念や方針に関する理解を深めることができます。保護者が園で子どもがどう過ごしているのかに興味をもつことは，保育者と保護者が同じ目線で子どもの育ちを語り合う関係となっていくための入り口と言えます。

Episode 1　🧢　ドキュメンテーションでの共有から保育参加へ

　ヨウシュヤマゴボウの実をつぶしてつくった色水に，紙や布を浸したらどうなるかとさまざまな試行錯誤を重ねる子どもの姿を，ドキュメンテーションで紹介しました。①浸けると色がつくが，洗うと消えてしまう。②浸けた後，干してみたらどうだろうかと試す。③やはり，洗うと消えてしまう。④浸けておく時間を長くしたらよいのではと，再び試す。こうした子どもたちの，(1)何かに興味をもつ，(2)遊びを通じて課題を認識する，(3)仮説を立てる，(4)実際に試す，(5)仮説を見直す，という一連の取り組みを数日間連続して紹介していくと，何人もの保護者が興味をもち，保育者や子どもと感想を述べ合ったり意見を交換し合いました。

　草木染めの手順や必要な薬品を教えてくれる保護者や，子どもと一緒に本やインターネットで調べてくれた保護者も現れました。担任は，そのまま子どもたちと共有するよりも保護者と協働したほうが良

いと考え，やはりドキュメンテーションを通じて協力を呼びかけました。すると，草木染めの経験がある保護者から「保育参加の際に，子どもたちと一緒に体験してみたい」と申し出があり，数日後に実現しました。

　火や薬品を使うため，大人が主導せざるを得ない過程もありました。しかし，ヨウシュヤマゴボウの実から煮出した液体はとても濃い紫色なのに淡いピンク色に染まったり，赤茶色い玉ねぎの皮を使って染めると綺麗な黄色に染まるなど，予想を超えた結果に子どもたちも保育者も驚きました。保護者の協力を得られたからこそ到達できた，貴重な経験となりました。

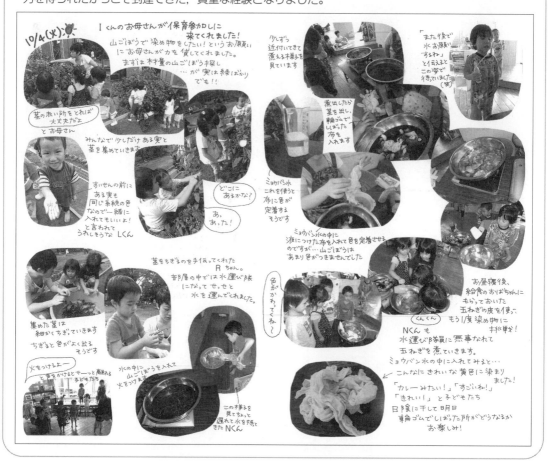

　この実践例は，周囲の環境に興味をもって働きかける子どもたちの日々の姿を発信し続けたことが，保護者の興味と関わりを引き出した好例です。数日から数週にわたった一連の取り組みを振り返れば，保護者が積極的に関わることで，子どもたちの興味と関心から始まった活動が深まりや広がりを得られるというメッセージを発信しているとも言えます。

　保護者を保育の利用者や消費者にとどめてしまうのか，パートナーやサポーターとしての関係を築けるのかという視点においても，ドキュメンテーション等による子どもの姿の共有と語り合いは重要です。

Work 2 🖊　子どもの姿の読み取りと家庭との連携

　次のドキュメンテーションをよく読み，この後，家庭と連携して子どもの学びや育ちを深めていくための取り組みにはどんなものが考えられるか，グループで話し合ってください。

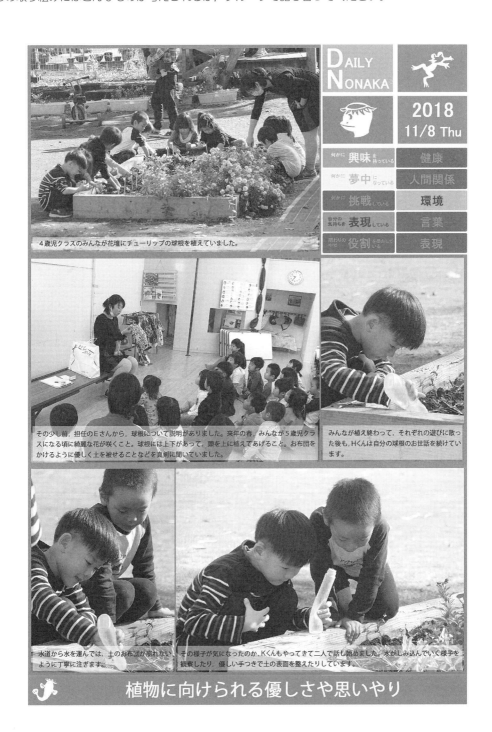

DAILY NONAKA

2018
11/8 Thu

何かに 興味を持っている		健康
何かに 夢中になっている		人間関係
何かに 挑戦している		環境
自分の気持ちを 表現している		言葉
周わりの役割を担っている		表現

４歳児クラスのみんなが花壇にチューリップの球根を植えていました。

その少し前，担任のEさんから，球根について説明がありました。来年の春，みんなが５歳児クラスになる頃に綺麗な花が咲くこと。球根には上下があって，頭を上に植えてあげること。お布団をかけるように優しく土を被せることなどを真剣に聞いていました。

みんなが植え終わって，それぞれの遊びに散った後も，Hくんは自分の球根のお世話を続けています。

水道から水を運んでは，土のお布団が崩れないように丁寧に注ぎます。

その様子が気になったのか，Kくんもやってきて二人で話し始めました。水がしみ込んでいく様子を観察したり，優しい手つきで土の表面を整えたりしています。

植物に向けられる優しさや思いやり

〈ドキュメンテーションの補足説明〉

4歳児クラスによる花壇づくり。

担任から，球根の植え方について「お布団をかけるように優しく」土をかぶせると説明された男児H
は，他児が花壇から離れても，まるで同じ人間や小動物を世話するように優しい眼差しと手つきで水や
りを行った。

別の男児Kもまた，それに共感するような様子を見せた。

❷ 保育参加を通じた保護者とのパートナーシップ

保護者の保育参加という取り組みが広がっています。それぞれの
園によって少しずつ手法が異なりますが，共通しているのは，小学
校での授業参観のように保護者が保育の様子を第三者的に見学する
だけにとどまらない取り組みであることです。保護者が保育者の仕
事を体験するようなイメージで園の生活に親しみ，午睡時間などを
活用して感想や意見を交換する場を設けることが一般的です。

Episode 2　　　保育参加を行った保護者の感想文

今回は保育参加という体験をさせていただき，ありがとうございました。

普段，家で生活していると常にわがままな娘が，園で他のお子さんと楽しそうに遊んでいる姿を見られ
たことは，とても貴重で，娘もとてもうれしそうにしていて，行って良かったと思いました。

大勢の親が同じ日に行う参観日のようなものとは違い，自分の子どもだけでなく，他のお子さんの面
倒をみていくことによって，一人一人の個性的な良い面を見ることができて，自分自身の視野が広がっ
たように思います。

昼食のお手伝いや，着替えなど，どこまでやってあげるべきか戸惑うこともありましたが，自分で服
を脱げないと，「ぬげないー！」と頼ってくれたりして，本当に可愛かったです。

服や持ち物に名前を書くことの大切さも感じたり，お昼寝の前の絵本を見ているときの子どもたちの
生き生きとした表情がとても印象的でした。

思ったらすぐに行動してしまう3歳児。そんな子どもたちを，ときには厳しく，でも楽しく安全に過
ごせるようにと配慮してくださっている先生たちに感謝したいと思います。

今回は本当にありがとうございました。

ドキュメンテーション等によって継続的に発信した結果，保護者
が日々の保育への興味を深めて保育参加の実現につながるケースも
多いようです。先に紹介したように，保育参加の様子をドキュメン

テーションで紹介することで，さらに関係性が深まったり，保育参加希望者が増えることも考えられます。

　保育参加は，保護者の意識を保育の利用者・消費者から，園のパートナーへと変革していくうえで有効な取り組みです。

❸ 園のサポーターとしての保護者会活動

　保護者同士のネットワークをつくるうえでも，保護者会（父母の会，PTA）の活動を支援することは大切ですが，保護者と園が相互にサポートし合う関係を構築するためにも保護者会活動との連携は重要です。

　一般的な保護者会の活動は，役員が中心となり，独自の研修事業を企画運営したり，園の行事をサポートすることなどです。保護者会全体で行う活動のほかにも，有志によるサークル活動などを園側も応援するケースが増えてきています。園の活動を保護者が援助してくれる場合はもちろんのこと，保護者のサークル活動を園が支援することを通じても相互に支援し合う関係性が強化され，保育の質を高めることにつながることがあります。

　お父さん同士の交流を支援するために「オヤジの会」などを組織している園もあります。同じ年代の子どもをもつ父親同士のネットワーク構築が主な目的ですが，園庭や遊具の整備などに協力したり，親子スポーツ大会など男親ならではの懇親事業を企画したりと，園と保護者の関係づくりにも役立っているようです。

Work 3 ✏️ 　保護者に当事者性を育む取り組み

　保護者が保育のパートナーであり園のサポーターであるという意識をもつことを助けるような，保護者会と園が連携して行う取り組みについて，具体的なアイディアを出し，グループで話し合ってみましょう。

保育の質を高めるための地域との連携

　前節では，保護者の特技などを上手く保育に取り込み，保育者の
知識や技術だけでは困難だった，保育の多様な展開が可能になった
ケースを紹介しました。近年は，連携する対象を在園児の保護者に
限定せず，近隣の住民，商店や事業所などにも拡げて，豊かな実践
へ結びつける例が増えています。

❶ 近隣の施設や交通機関を利用し，興味や関心を引き出す

　園外散歩などで，児童公園などの施設を利用することは日常的で
す。公共の施設には，さまざまな年代の近隣住民も訪れていて，自
然と異世代交流が発生します。園に通う子どもたちにとっては，家
庭でも園でもない場所はそれだけで非日常的な空間と感じられます。
地域社会にはさまざまな年齢や立場の人が存在することを知り，
ルールやマナーを実践的に学ぶことができるという意味でも，公共
施設の活用は保育の質を高める取り組みとなります。
　また，交通機関を利用することでも，保育に広がりと深まりを与
えることができます。乗り物好きの子どもは多いですが，そうでは
ない子どもにとっても，行ったことのない場所へ移動したり，初め
て見る機械を操作することはワクワクする体験です。園内では出会
うことのできない人や物や出来事との接点は，園に戻ってからも子
どもたちの興味や関心を引き出す糧となります。製作やごっこ遊び
のモチーフに活用するような取り組みが多く見られます。

❷ 子どもの興味や関心から始まった活動を園外にも展開する

　子どもの興味や関心から始まった活動を，さらに豊かに展開する
ために，近隣住民や商店・工場などに協力と連携を求めるような取
り組みを行う園もあります。

　魚釣りゲームなどをきっかけに，子どもが魚の生態に興味をもつことがあります。保育室に図鑑を置いてみたり，水族館の見学を企画するような取り組みは従来からよく見られますが，近隣の魚屋さんに繰り返し通って，魚のおろし方を学び，実際に子どもが調理してみたり，釣具屋さんで魚釣りのレクチャーを受け，実際に釣り上げるまで何度も海まで通うといった実践もあります。

　子どもが「おもしろそう」「やってみたい」と思いついたことを，創意工夫を重ねて実現する過程に大きな学びがあります。園の敷地内に留まっていたのでは困難な夢を，地域と連携して叶えることで，主体的・対話的で深い学びを実現しているのです。

5　家庭や地域と連携することの意味

　この章の冒頭で，家庭や地域との連携には，子どもや家庭への支援と，保育の質を向上させる機会という2つの側面があると紹介しました。

　支援の目的を短期的に見れば，子どもや家庭が直面している困難を解決するための助力や，不安な気持ちを受容することですが，長期的に見れば支援を必要としない自立した子どもと家庭を育むことにほかなりません。保護者間のネットワーク構築や地域コミュニティとのつながりを支援することも，孤立を防ぐことから始まって，子どもや保護者が主体的に地域社会に参画していくことをゴールに見据える必要があるでしょう。

　また，そうした働きかけを通じて，保育者は子ども理解・保護者理解を深め，地域の社会資源の活用の知見を深めていくことができます。家庭や地域との連携を通して，多様な保育ニーズに応えることが保育の質の向上にもつながっていると考えましょう。

Book Guide

・大豆生田啓友『支え合い，育ち合いの子育て支援──保育所・幼稚園・ひろば型支援施設における子育て支援実践論』関東学院大学出版会，2006年。
　現代の子育てを取り巻く社会と環境，子育て家庭の困難状況から，子育て支援の意義と定義を歴史的背景や制度の変遷を交えて解説しています。
・請川滋大ほか（編著）『保育におけるドキュメンテーションの活用』ななみ書房，2016年。
　ドキュメンテーションを活用することを通じた，子ども理解・保育の計画・保護者との連携を，保育所・幼稚園での実践を交えて紹介しています。

Exercise

1.あなたが住んでいる町で，園と連携して子どもの豊かな学びを支えてくれそうな施設や商店・工場などをできるだけたくさんノートに書き出してみましょう。その後，グループで，実際にどんな取り組みができそうか話し合ってみましょう。
2.以下に示す，幼児期の終わりまでに育ってほしい姿「社会生活との関わり」に留意して，年長児の具体的な取り組みのアイディアをノートに書き出してみましょう。その後，保護者および地域に対する子育て支援と連携にもつなげることを目指して，グループで話し合ってみましょう。

〈参考〉
「社会生活との関わり」
　家族を大切にしようとする気持ちをもつとともに，地域の身近な人と触れ合う中で，人との様々な関わり方に気付き，相手の気持ちを考えて関わり，自分が役に立つ喜びを感じ，地域に親しみをもつようになる。また，保育所内外の様々な環境に関わる中で，遊びや生活に必要な情報を取り入れ，情報に基づき判断したり，情報を伝え合ったり，活用したりするなど，情報を役立てながら活動するようになるとともに，公共の施設を大切に利用するなどして，社会とのつながりなどを意識するようになる。

(保育所保育指針より)

第 11 章

小学校への接続をふまえた保育

クラスの集まりで保育者が読んでくれている絵本の内容に惹きつけられて，思わず身を乗り出して聞いている子どもたち。なかには，立ち上がって前の方に出てきてしまう子もいます。保育の場ではよく見られる光景ですが，小学校の教室で見られる光景とはどんな違いがあるでしょうか？

写真の子どもたちの姿を見ると，保育者の絵本を見ている子どもたちの姿勢や立ち位置はさまざまで，一見すると無秩序な状態にも見えるかもしれません。一方で，小学校の教室を思い出してみると，机や椅子は整然と並んでいて，授業中は，きちんと座って，先生のお話を聞くことが多かったのではないでしょうか？　そのように考えると，幼稚園や保育所と，小学校で見られる子どもたちの姿の間にはギャップがあるように感じるかもしれません。そして，そのギャップを埋めるためには，小学校に入るまでに，ある一定の時間，定められた席にきちんと座って，黙って先生のお話を聞けるように指導したり，準備していかなくてはならないように感じる人もいるかもしれません。

　しかし，写真の子どもたちの姿を，もう一度見てみてください。どの子も，先生の読んでくれている絵本に興味津々で，その内容に集中している様子が伝わってきます。それぞれが自分なりに興味をもった「対象」に，夢中になって聴き入って（あるいは見入って）いますし，その内容を周囲の他者と共有しているようにも見受けられます。もしかすると，そうした共有を通して，友達の声に耳を傾けたり，そこから刺激を受けて新たな興味や問いが生成されていっているところかもしれません。そのように考えると，これは決して無秩序に話を聞いている場面ではなく，それぞれが主体的に「対象」との関わりを深めていっている過程であると考えられます。保育のなかでは，そのように，子どもたちが主体的に他者や環境と関わりながら「学び」を深めていく過程が大切にされていますが，それは，決して，乳幼児期だけで完結するものではないでしょう。乳幼児期の保育のなかで育まれてきた子どもたちの育ちや学びが，小学校での生活や学習にどのようにつながっていくのか，そして，そうした育ちや学びがより豊かに広がっていくために，保育や教育に携わる人たちには，どのような視点や工夫が求められるのかをこの章を通して学んでいきましょう。

　子どもの育ちと学びは，乳幼児期にとどまらず，生涯にわたって続いていきます。保育者は，卒園の子どもの姿をゴールと捉えるのではなく，小学校以降もずっと続いていく一人一人の子どもたちの長期的な育ちと学びの連続性を考慮して，保育を充実させることが大切です。

　しかし，それは小学校で求められる学習内容や学習方法を前倒しで準備したり練習したりすることではありません。「小学校との接続をふまえた保育」と聞いて，椅子にきちんと座って先生の話を黙って聞けるように指導しないといけないのかな，文字の練習をさせたり，計算ができるように指導したりしないといけないのかな，と考えた人もいるかもしれません。そうではなく，保育所保育指針や幼稚園教育要領，幼保連携型認定こども園教育・保育要領に示されている保育の原理やねらい等をふまえた，幼児期の子どもたちの発達に即した保育を展開すること，そのなかで育まれた子どもたちの資質・能力を，保育者が把握し，小学校教員に引き継ぎ，小学校教員が小学校での指導に生かしていくことが重要なのです。

　そのためにも，これからの保育者と小学校教員は，互いの違いと共通性について理解を深め，一人一人の子どもについての情報交換を丁寧に行うなど，緊密な連携を取り合いながら，子どもの育ちと学びの実態にあった新たな接続期の保育と小学校教育を共に考えていくことが求められています。

1　小学校への接続をふまえた保育の重要性

❶ 円滑な接続は必要なのか

　乳幼児期の保育に携わる保育者が，どうして小学校への接続を考える必要があるのでしょうか。また，円滑な接続は本当に必要なのでしょうか。

接続は必要なのか

　あなたは，保育と小学校教育の円滑な接続は必要だと思いますか。また，それはどうしてですか。ノートに率直な自分の考えを書いてみましょう。その後，グループで，それぞれの考えについて話し合いましょう。

　グループのなかでどのような考えが出たでしょうか。子どもの発達はつながっているのだから円滑な接続は当然だ，という意見もあったかもしれません。また，保育と小学校教育は違いが大きく，子どもたちが不安や戸惑いを感じやすいので，接続の取り組みが必要だと考えた人もいるかもしれません。あるいは，違いが大きいからこそ，取り組みは必要だけれど実現は難しいのではないかと考えた人や，園と小学校はそもそも違う施設なのだから壁があって当然，子どもも成長するのだから自分で乗り越えるべきだ，という意見もあったかもしれません。

　どの意見も，間違いではありません。これまでよりよい保育と小学校教育の接続を検討する過程において，どの意見も実際に出てきた考えであり，現実に起きていることでもあります。

❷ 接続の重要性

　しかし，保育者や小学校教員，保護者といった大人が配慮することなく，まだ 6，7 歳の子どもたちが，全く知らない小学校の文化に自ら適応したり，幼児期のうちに準備をしたりすることを求めるのは難しいことです。小学校の始まった日からすぐに，子どもたちが主体的に伸び伸びと小学校での生活を送ることができるように，そして保育で培った資質・能力を小学校の学びのなかでさらに伸ばせるよう，保育者や小学校教員が，小学校入学前後の指導内容や方法等を検討することを大切にしようというのが，近年の接続に関する基本的な考え方となっています。

　ところが，子どもの主体的な活動のなかで，また環境を通して，全人的な育ちと学びを促す保育の原理と，各教科の学習内容について，教師が直接的な学習指導を系統的に行う小学校以上の教育の原理には，大きな違いがあり，円滑な接続を実現しようという理想があっても，さまざまな困難が生じているのが実情です。

こうした保育と小学校教育の大きな段差につまずいてしまう子どもたちも少なくありません。

❸ 保育と小学校教育の段差につまずく子どもたち

保幼小の連携[1]が喫緊の課題と考えられるようになったのは，1990年代後半に，小学校入門期の子どもたちの学校不適応，学習が成立しない状況が「小１プロブレム」としてクローズアップされるようになったことがきっかけです。

「小１プロブレム」の名づけ親である新保（2010）[2]は，「小１プロブレムとは，①授業不成立という現象を中心として，②学級が本来持っている学び・遊び・暮らしの機能が不全になっている，③小学校１年生の集団未形成の問題」であり，「小学校高学年の『学級崩壊』とは区別して，幼児期をひきずっている子どもたちの問題」と定義しています。小学校高学年に見られる，授業中に立ち歩く，教員の話を聞かないなどの「学級崩壊」と状況は似ていても，「学級崩壊」のような教員への反抗から集団が崩壊するのではなく，むしろ教員への甘え，依存が見られ，集団を形成できない問題と考えられています。「小１プロブレム」が起こる背景には，社会環境が変化し，子どもの心身の発達や人間関係の形成にさまざまな問題が生じていること，親の子育てが孤立化したり，未熟であったりすること，主体的な活動を重視する保育と教師主導の教科学習による小学校教育の段差があること，学校と園の間の連携が少ないこと，「6-3-3制」[3]の学校制度がいまの子どもたちの発達にそぐわないこと，などがあげられます。

2　幼保小連携の取り組み

小１プロブレム対策として，その背景と考えられる保育と小学校教育の段差を解消しようと，子ども同士，保育者と教員，学校園と保護者，とさまざまなレベルで連携を図る取り組みが行われてきました。それぞれの取り組みについて具体的に考えていきましょう。

▶1　「接続」と「連携」
「接続」とは子どもの育ちや学びを保育から小学校教育へつなげていくことを言います。一方，「連携」とは幼稚園，保育所，幼保連携型認定こども園等と小学校が円滑な「接続」のために，協力体制をつくっていくことを言います。

▶2　新保真紀子『小１プロブレムの予防とスタートカリキュラム──就学前教育と学校教育の学びをつなぐ』明治図書出版，2010年。

▶3　「6-3-3制」
戦後に制度化された小学校6年，中学校3年，高等学校3年の学校段階区分を指します。

❶ 幼保小交流会

幼保小連携の取り組みの一つで，近年多くの学校園で行われるようになってきたのが子ども同士の交流会です。みなさんのなかにも経験したことのある人がいるのではないでしょうか。

Work 2 🖉 　　幼保小交流会の経験は？

みなさんが幼稚園や保育所，あるいは小学校に通っているとき，園児と小学生とが一緒に遊んだり，園児が小学校生活を体験したりする幼保小交流会を経験したことがありますか。経験したことのある人は，それがどのような内容で，何歳児と小学校何年生との交流だったか，グループやクラスで経験を紹介しましょう。

小学校1年生が幼稚園や保育所にきて園庭やホールで遊んだことがあるという人，逆に幼児が小学校へ行き，体育館や校庭で遊んだり，図書室で読み聞かせをしてもらったり，教室で1年生の授業を体験したりしたという人もいたかもしれません。交流した学年が5歳児と小学校1年生ではなく，5歳児と小学校2年生や5年生だったという人もいるかもしれません。それぞれの学校園が，交流の目的に合わせて，交流する学年と活動内容を工夫しています。

子ども同士の交流としては，大きく分けると園の活動（生活や遊び）や小学校の学習における交流と，園児が小学校の授業や生活を体験する2つの交流があります。

活動や学習を中心とした交流では，たとえば草加市（2015）では，[4] 小学校2年生が生活科の学習で遊びのブースを計画し，そこに幼保の5歳児を招待したり，高知県（2017）では，[5] 小学校1年生の国語科の「じゃんけんやさんをひらこう」や「大すきな本をしょうかいしよう」の学習で，園児との交流の機会をもったりした事例が紹介されています。ほかにも合同の運動会や行事を行ったり，保育所の散歩の時間に小学校へ出かけて小学校の施設を利用させてもらったりするなどの交流活動もあります。

また，5歳児が小学校1年生のクラスに一日体験入学をし，授業や給食といった小学校の学習と生活を体験する交流も，[6] 園児が小学校の授業や生活，施設の様子を知ることができる良い機会となりま

▶4　草加市教育委員会「草加市幼保小接続期プログラム——心豊かに充実した小学校生活に向けて」2015年。

▶5　高知県教育委員会「幼保小連携でのびる子どもたち——人をつなぐ・組織をつなぐ・教育をつなぐ」2017年。

▶6　同上書（▶4及び▶5）。

す。逆に，小学生にとっても，来年の新1年生の名前を覚え親しくなるきっかけとなったり，自分たちの成長を感じられたりする良い機会となります。

　幼保小交流では，事前に保育者と教師が打ち合わせを丁寧に行い，どちらかが付き合わされる活動にならないように，園児と小学生双方の活動のねらいを明確にし，互いにとって意義のある互恵的な交流を実現することが大切なのです。

❷ 保育者と小学校教員の連携

　子どもたちが安心して小学校入学後の生活や学習に取り組めるようにするためには，保育者と小学校教員が，幼保と小学校の施設や生活，学びの目標や内容，方法等の違いがあることを理解し，子どもたちへの支援や指導を工夫する必要があります。そのためには，子ども同士の交流だけでなく，保育者と小学校教員が交流・連携を取る必要があります。

　就学する子ども一人一人の情報を，小学校教員が保育者から細かく聞き取りをして学級編成や入学後の指導に生かす，保育参観や授業参観をし合ったり，小学校教員が保育者体験を，保育者が小学校での授業を担当したりすることで保育と小学校教育の違いについて理解を深める，合同での幼保小連携研修会を開いて連携に必要な情報を交換し合ったりするなどの取り組みが行われています。

❸ 保護者との連携

　もう一つ忘れてはならないのが，保護者との連携です。就学に際して保護者は，わが子が学習についていけるか，先生や友達といい関係が築けるかなど，心配が尽きないものです。幼児期のうちに文字や計算の練習をさせたり，英会話教室や体操教室に通わせたり，早期教育をしなければならないのではないかと考える保護者も少なくありません。こうした保護者の不安を払拭するために，幼稚園や保育所に小学校の教員が出向き，就学に関する保護者会を開く取り組みも重要です。

　また，特別な支援を必要とする子ども等の保護者は，子どもの小学校生活や学習への適応に大きな不安を抱えている場合もあります。

支援を必要とする子どもについて，就学にあたって気になることや支援が必要な点を，保護者と保育者，医療・療育に携わった関係機関がそれぞれの観点から記載をし，小学校教員と情報を共有するための「就学支援シート」を用意している自治体も増えてきています。どの子も安心して小学校生活のスタートを切れるような，保護者と学校園，関連機関との連携も重要なのです。

3　連携から接続へ──学びと育ちの連続性

❶ 接続カリキュラムの検討

　このように，当初は「小1プロブレム」の解消のために，幼保小の「連携」が進められていきました。しかし，取り組みが進展していくなか，幼保小の「連携」はただ子どもを小学校教育へ適応させることが重要なのではなく，小学校教育が入学してきた子どもに合わせた指導内容や指導方法を工夫し，子どもたちの力を伸ばすこと，そして幼稚園や保育所の側でも子どもたちの就学後の育ちや学びを見据えた指導を工夫することが大切であるという方向に転換していきました。

　国立教育政策研究所教育課程研究センター（2005）は，幼児期は小学校以降の生活や学習の基盤をつくる時期であり，幼児教育の充実を一層図るとともにその成果を小学校へ確実に引き継ぐことが重要だとしています。幼児期の遊びを通した学びを充実させ，育まれた力を小学校へ確実につなぎ，一層伸ばしていくことの重要性が認識されるようになり，連携からさらにカリキュラムを接続させることに力が注がれるようになっていきました。

　2008年の「幼稚園教育要領」では，「幼稚園教育が小学校以降の生活や学習の基盤の育成につながることに配慮」すること，「保育所保育指針」では「子どもの生活や発達の連続性を踏まえ，保育の内容の工夫を図る」ことの重要性が示されました。また「小学校学習指導要領」でも，特に1年生において，幼児教育と小学校教育の連携や交流を図ることや生活科をはじめとする各教科等で，幼児教

→7　国立教育政策研究所教育課程研究センター『幼児期から児童期への教育』ひかりのくに，2005年。

178

育の保育内容との関連性に配慮することが求められるようになりました。こうした流れと軌を一にして，円滑な幼小接続のための具体的なカリキュラムが地方自治体や学校園レベルで提案されるようになりました。

　しかし，こうした接続カリキュラムの改革は，関心の高い地方自治体や学校園で進められてきましたが，文部科学省（2016）は，「子供や教員の交流は進んできているものの，教育課程の接続が十分であるとはいえない状況」が依然としてあり，小学校の各教科等においても，授業時間や指導の工夫，環境構成等の工夫をし，幼児期に育まれた資質・能力を徐々に各教科等の特質に応じた学びにつなげていく必要があると指摘しました。このことは幼稚園と小学校の学校教育のつながりだけでなく，幼児期の教育を担う保育所や認定こども園とのつながりにおいても同様であり，2017年に改訂（定）された「幼稚園教育要領」「保育所保育指針」「幼保連携型認定こども園教育・保育要領」には，「幼児期の終わりまでに育ってほしい姿」を小学校と共有し，幼稚園・保育所・認定こども園での教育及び保育と小学校教育との円滑な接続を，一層強化するよう明記されました。一方，同時期に改訂された「小学校学習指導要領」においては，小学校のカリキュラムの編成に当たって「幼児期の終わりまでに育ってほしい姿を踏まえた指導を工夫することにより，幼稚園教育要領等に基づく幼児期の教育を通して育まれた資質・能力を踏まえて教育活動を実施し，児童が主体的に自己を発揮しながら学びに向かうことが可能となるようにすること」と示されました。

　いま，小学校への接続は，連携を取ることはもとより，カリキュラムを接続する段階へ踏み出しているのです。

❷ 幼児期の終わりまでに育ってほしい姿を小学校へ

　幼児の資質・能力は，5領域に示されたねらいや内容に基づく幼稚園や保育所での生活や遊びを通して総合的に育まれていきます。そしてそれが，教科等で育まれる資質・能力へとつながっていきます。この資質・能力が育まれている幼児の具体的な姿が，「幼児期の終わりまでに育ってほしい姿」です。

　では，「幼児期の終わりまでに育ってほしい姿」は，どのような場面で，どのような姿として現れてくるのでしょうか。

➡8　地方自治体レベルでの取り組みとしては，横浜市こども青年局・横浜市教育委員会「育ちと学びをつなぐ──横浜版接続期カリキュラム」2012年，草加市教育委員会「草加市幼保小接続期プログラム──心豊かに充実した小学校生活に向けて」2015年などがあげられます。

➡9　学校園レベルでの取り組みとしては，お茶の水女子大学附属幼稚園・小学校・中学校・子ども発達教育研究センター『「接続期」をつくる──幼・小・中をつなぐ教師と子どもの協働』東洋館出版社，2008年，秋田喜代美・第一日野グループ（編著）『幼保小連携──育ちあうコミュニティづくりの挑戦』ぎょうせい，2013年などがあります。

➡10　文部科学省「幼児教育部会における審議の取りまとめ」2016年。

➡11　「幼児期の終わりまでに育ってほしい姿」とは，「健康な心と体」「自立心」「協同性」「道徳性・規範意識の芽生え」「社会生活との関わり」「思考力の芽生え」「自然との関わり・生命尊重」「数量や図形，標識や文字などへの関心・感覚」「言葉による伝え合い」「豊かな感性と表現」のことです。本書第2章も参照してください。

➡12　「小学校学習指導要領」第1章「総則」第2「教育課程の編成」4「学校段階等間の接続」の(1)より。

まず，Episode 1 を通して考えてみましょう。

Episode 1　　どんなネイルにしますか？

　5歳児の女の子たち数人がネイル屋さんを開いていました。ネイリストたちはお店にやってきたお客さんにメニュー表を見せて，「色はどうしますか？」「シールは貼りますか？」と尋ねます。「ピンクでお願いします」とお客さんが伝えると，「爪を見せてください」とお客さんの手を取り，爪の形や大きさをじっくりと観察します。そして「ちょっと待っていてください！」とお客さんに伝えると，ピンクのビニールテープを取り出して爪の形に切っていき，10本分のネイルをつくりました。つくり終えると，お客さんの指に貼って完成です。

写真11-1　爪づくりをするネイル屋の店員さん
➡写真提供：港北幼稚園（神奈川県，横浜市）。

写真11-2　ネイル屋さんのメニュー
➡写真提供：港北幼稚園（神奈川県，横浜市）。

　子どもたちの主体的な遊びのなかには，さまざまな子どもたちの育ちの姿が見られます。ネイル屋さんの活動でも，友達と協同してお店の準備をする姿（協同性），爪の大きさや形や数等に関心をもち適切に判断する姿や，文字や絵・写真を用いて看板やメニュー表をつくったりする姿（数量や図形，標識や文字などへの関心・感覚）が見られました。こうした子どもたちの育ちの姿が見られる遊びの背景には，保育者の教材準備や言葉かけの工夫，アイディアの提供など意図的な配慮があります。保育者が「幼児期の終わりまでに育ってほしい姿」を念頭に置いて遊びの援助をすることで，子どもたちの資質・能力が育まれ，育ちの姿として立ち現れてくるのです。
　この Episode 1 は遊びのなかで見られた育ちの姿ですが，子どもたちの資質・能力は，一人一人の主体的な遊びのなかだけでなく，生活や行事，家庭との連携のなかでも促されます。Episode 2 は，夏のお泊り会に向けたクラス全体での活動の事例です。

Episode 2　おいしいカレーのレシピを考えよう！ [13]

　5歳児は，毎年お泊り会でカレーをつくります。今年も5歳児の担任は，「お泊り会のカレーをどうやってつくろうか？」と子どもたちに投げかけます。そこで，それぞれの家庭でのカレーのつくり方やレシピをおうちの方に尋ねてくることにしました。すると，手紙を書いてきてくれる家庭あり，隠し味を教えてくれる家庭あり。家庭からさまざまな情報が集まってくると，子どもたちはもう一度クラスで話し合います。ある子どもが「カレーのかくしあじ」を調べてきました。「かくしあじ，ってなんだろう!?」とさらなる疑問が湧きます。子どもたちはその疑問を再度家庭にもち帰り，情報を集めてきます。なかには，家庭で隠し味の実験をしてくる子どもも出てきました。「もっと，もっとおいしいカレーがつくりたい！」と，子どもたちは園での話し合い活動と家庭で情報収集，探求活動を熱心に繰り返し，夏のお泊り会では，子どもたち大満足のとてもおいしいカレーができました。

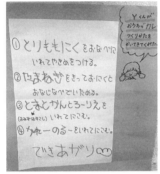

写真11-3　家で調べてきたカレーのレシピ
➡写真提供：東一の江幼稚園（東京都，江戸川区）。

写真11-4　おうちのカレーの隠し味
➡写真提供：東一の江幼稚園（東京都，江戸川区）。

➡13　本書第7章でも同じ事例が簡単に紹介されていますが，ここではもう少し詳しく取り上げ，「資質・能力」「幼児期の終わりまでに育ってほしい姿」という視点から読んでみてください。

　Episode 2では，「おいしいカレーをつくりたい」という共通の目標に向けて，クラスで協力する協同性，集まった情報を吟味し，生まれた疑問をさらに追及して繰り返し話し合う，言葉による伝え合いの姿，レシピを調べたり実験したり思考力を働かせながら試行錯誤する姿が見られました。

　こうした姿は，5歳になって突然見られるものではありません。4歳，3歳，またそれ以前からの育ちと学びの積み重ねのなかで，その時々の発達に応じた姿が見られます。

　次のEpisode 3・Episode 4は，同じ園の4歳児と5歳児の実践です。どちらも飼育・観察活動ですが，子どもたちの見せる姿は発達による違いがあり，保育者の指導や援助の在り方はその発達に合わせたものとなっています。

Episode 3　生き物を育てる

　5歳児は，春からオタマジャクシやカブトムシを育てています。5歳児担任は，生き物の様子に関心をもった子どもたちが観察したことを絵や文字を使って記録できるように，飼育箱の隣に掲示板を用意していました。絵だけでなく文字で表したい子どもは，わからない文字を「あいうえおひょう」を見て，1文字1文字確認しながら丁寧に観察記録を書いていました。

　保育者は，日々の子どもたちの観察記録を，保育者の撮った飼育の記録写真と保育者からのコメントとともにファイルに保管し，子どもたちがいつでも振り返って見られるように工夫していました。

写真11-5　「あいうえおひょう」を見ながら文字で表現する
➡写真提供：よこはま夢保育園（神奈川県，横浜市）。

写真11-6　書いた観察記録を掲示板に貼る
➡写真提供：よこはま夢保育園（神奈川県，横浜市）。

写真11-7　観察ファイルの工夫
➡写真提供：よこはま夢保育園（神奈川県，横浜市）。

Episode 4　5歳児にあこがれをもって生き物を育てる

　4歳児は，5歳児が生き物を飼育し観察する様子にあこがれをもち，自分たちも生き物を飼ってみたい気持ちをもつようになりました。4歳児は，ダンゴムシやモンシロチョウの青虫，コクワガタを飼育し，担任は4歳児も5歳児のように観察記録がつけられるよう用紙を準備しました。まだ文字を十分に書けない4歳児の子どもたちですが，絵で生き物への思いや気づきを観察記録に表しています。最初は担任が子どもたちの気づきや思いを聞き取って，文字での記録を付け加えていましたが，記録を重ねていくうちに子どもたちは文字らしいものを書くようになり，次第に自分で文字が書けるようになってきました。

写真11-8　絵による観察記録
➡写真提供：よこはま夢保育園（神奈川県，横浜市）。

写真11-9　絵と文字らしきものが見える観察記録
➡写真提供：よこはま夢保育園（神奈川県，横浜市）。

写真11-10　絵と文字による観察記録
➡写真提供：よこはま夢保育園（神奈川県，横浜市）。

　5歳児が飼育と観察をする様子からは，生き物の変化に好奇心をもったり，生き物に対してまるで友達のように親しみや愛情をもって関わったりする姿が見られます。また，書けない文字を保育者や友達に尋ねたり，「あいうえおひょう」を見て自分で文字を探して書いたりする文字への強い関心が見られました。

　また，そうした5歳児の様子にあこがれをもった4歳児が飼育と観察への関心をもちます。保育者は，異年齢の関わりのなかで生じてきた子どもの思いを汲み取り，その思いを実現するために飼育環境を整えて，4歳児に適した記録の方法を工夫しています。そうした保育者の意図的な環境構成のもとで，子どもたちは表現への意欲を高め，はじめは絵で，次第に文字らしきものを用いて，そして次第に文字を使って書くようになっていることがわかります。4歳児の資質・能力の育ちが5歳児へとつながっていくプロセスがEpisode 3 と Episode 4 を通して見えてきます。

　こうした幼児期の子どもたちの資質・能力を，場当たり的にではなく，長期的な視点で計画的に，かつ幼児期にふさわしい方法で育んでいくカリキュラムを設計することが，いま，各園に求められています。そして，幼児期に育まれた資質・能力を確実に小学校につなぐためには，「幼児期の終わりまでに育ってほしい姿」を意識した年長児後半のカリキュラムと，年長児後半のカリキュラムからつながる小学校入学後のスタートカリキュラムを，幼保小が連携を取りながら策定していくことが重要なのです。

❸ 幼児期に育まれた資質・能力を小学校教育へ

　年長児後半のカリキュラムで育まれた資質・能力を，小学校教員はどのように小学校教育に生かしていけばよいのでしょうか。2017年に改訂された小学校学習指導要領では，「特に，小学校入学当初においては，幼児期において自発的な活動としての遊びを通して育まれてきたことが，各教科等における学習に円滑に接続されるよう，生活科を中心に，合科的・関連的な指導や弾力的な時間割の設定など，指導の工夫や指導計画の作成を行うこと」と明記されています。

　しかし実際には，小学校入学後のスタートカリキュラムの理念がまだ浸透しておらず，たとえば，お手洗いの使い方，手の挙げ方や椅子の座り方など，小学校における生活や学習の規範だけに教師の

▶14　スタートカリキュラム
　幼児期の遊びや生活を通した育ちや学びの在り方を基盤とした，子どもが主体性を発揮できる小学校入学後のカリキュラムを指します。

▶15　「小学校学習指導要領」第 1 章「総 則」第 2「教育課程の編成」4「学校段階等間の接続」の⑴より。

意識が向いている，あるいは幼児期の遊びを意識はしているものの，休み時間のように子どもがただ遊んでいるだけの時間になってしまっている，また，生活科の時間だけが保育と小学校教育との接続を意識した学びの時間となっている，といった実態があります。

　現在，各自治体，各小学校が，小学校学習指導要領改訂をふまえ，スタートカリキュラムの改善と充実を図ろうとしています。ここでは2019年の横浜市立池上小学校のスタートカリキュラムに関する資料をもとにして，これからのスタートカリキュラムの在り方を考えてみましょう。

　表11-1の単元配列表からわかるように，生活科を核に各教科を合科的あるいは関連性をもって指導できるように配列されています。また，生活科との関連だけではなく，国語と算数，国語と音楽，算数と図工といった合科的な指導も見られます。こうした合科的・関連的な単元の組み方は，教科で分断されない幼児期の遊びを通した総合的な指導のあり方を反映しています。

　また，表11-2のスタートカリキュラムの週案を見ると，1単位時間が3分割され，15分程度という短いスパンでさまざまな教科の指導が行われているのがわかるでしょう。幼児は自分の好きな遊びなどに没頭するなかで長時間何かに集中して取り組むことはあっても，机に座りっぱなしで45分間教師に与えられた課題に取り組んだ経験はありません。幼児期の子どもの育ちと学びの特性に合わせた，各教科を関連させた総合的な指導や，弾力的な時間割の工夫が大変重要なのです。

　さらに池上小学校では，子どもたちの主体性を大切にした，より充実した小学校での生活や学習を実現できるよう，単元配列表や弾力的な時間割を設定するだけでなく，スタートカリキュラムを考えるにあたって大切にすべき10の指導理念を示しています（表11-3）。

表11-1　池上小学校単元配列表

第　1　学年　単元配列表

平成 31 年 4 月 16 日
横浜市立池上小学校

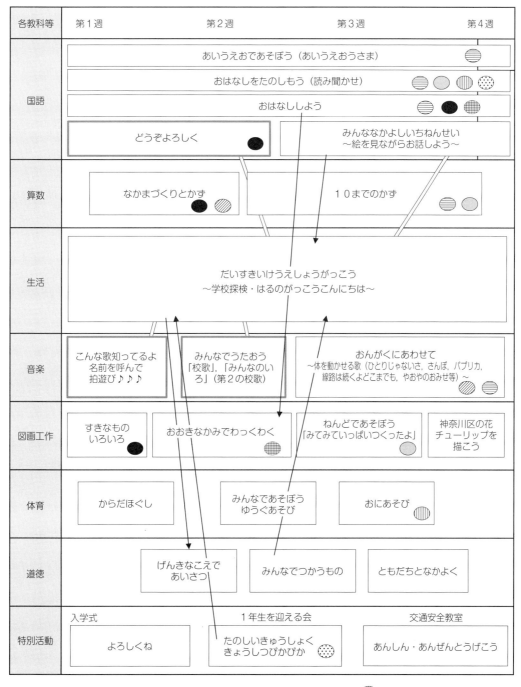

各教科等	第1週	第2週	第3週	第4週
国語	あいうえおであそぼう（あいうえおうさま）			
	おはなしをたのしもう（読み聞かせ）			
	おはなししよう			
	どうぞよろしく		みんななかよしいちねんせい ～絵を見ながらお話しよう～	
算数		なかまづくりとかず	10までのかず	
生活		だいすきいけうえしょうがっこう ～学校探検・はるのがっこうこんにちは～		
音楽	こんな歌知ってるよ 名前を呼んで 拍遊び♪♪♪	みんなでうたおう 「校歌」，「みんなのいろ」（第2の校歌）	おんがくにあわせて ～体を動かせる歌（ひとりじゃないさ，さんぽ，パプリカ，線路は続くよどこまでも，やおやのおみせ等）～	
図画工作	すきなもの いろいろ	おおきなかみでわっくわく	ねんどであそぼう 「みてみていっぱいつくったよ」	神奈川区の花 チューリップを 描こう
体育	からだほぐし	みんなであそぼう ゆうぐあそび	おにあそび	
道徳		げんきなこえで あいさつ	みんなでつかうもの	ともだちとなかよく
特別活動	入学式 よろしくね	1年生を迎える会 たのしいきゅうしょく きょうしつぴかぴか	交通安全教室 あんしん・あんぜんとうげこう	

━━ は，生活科と他教科等との合科　　→は，生活科と他教科等との関連　　▥ は，各教科等の合科・関連

表11-2 池上小学校スタートカリキュラム週案

指導計画案 （前期 2 週）

	4月8日 月			4月9日 火			4月10日 水			4月11日 木			4月12日 金		
行事等	朝会（2年生以上）			避難訓練			1年生を迎える会 区A研			給食開始			朝スマ開始		
朝	朝会	—		朝スマ	—		朝スマ	—		集会	—		朝スマ	池上	
	あそびタイム【～8：50】			あそびタイム【～8：50】 ※実態に合わせて調節			朝の支度後，体育館へ			あそびタイム【～8：50】 ※実態に合わせて調節			あそびタイム【～8：50】 ※実態に合わせて調節		
1	池上	池上	国語	池上	池上	国語	児活	児活	児活	池上	池上	池上	池上	池上	道徳
	なかよしタイム ・元気かな（○○さん） ・歌ってスキンシップ ・はじめての自分の名前			なかよしタイム ・あいさつ ・元気かな ・歌ってスキンシップ ・お話しよう ・読み聞かせなど			1年生を迎える会 ・「みんなの色」と出合う。 ・他学年と楽しくゲーム(なかよしタイム) ・お兄さんの部屋はどこだろう。			なかよしタイム ・あいさつ ・元気かな ・歌って踊ろう ・読み聞かせ			なかよしタイム ・あいさつ ・元気かな ・歌って踊ろう ・読み聞かせ		
2	国語	図工	国語	学活	学活	行事	算数	生活	生活	国語	生活	生活	国語	生活	生活
	なかよしタイム ・お話しよう ・読み聞かせ			避難訓練ってなあに ・給食室から出火 ・どうやって避難するんだろう。			こんなこと あったよ ・学校探検に行ったことを絵や言葉で表す。 ・絵や言葉をもとに行った場所を紹介する。			お話しよう こんなこと あったよ ・学校探検に行ったことを絵や言葉で表す。 ・絵や言葉をもとに行った場所を紹介する。			お話しよう こんなこと あったよ ・学校探検に行ったことを絵や言葉で表す。 ・絵や言葉をもとに行った場所を紹介する。		
	中休み														
3	池上	池上	生活	生活	生活	生活	池上	行事	行事	生活	生活	生活	生活	生活	算数
	はてなをみんなで解決 (ここまでのはてなを短冊に書き，掲示・共有) ・荷物はどうしよう。 ・防災頭巾って何。 ・黒板にお絵かきしていいの。			学校探検 ・1階を探検して，はてなやびっくりを見つける。			着替えてみよう ・身体測定			学校探検 ・1階を探検して，はてなやびっくりを見つける。 ・鍵が開かないどうしよう。			学校探検 ・1階を探検して，はてなやびっくりを見つける。 ・鍵が開かないどうしよう。		
4	学活	学活	音楽	生活	国語	図工	学活	学活	音楽	学活	学活	学活	算数	算数	音楽
	みんなで仲良く帰ろう ・歩き方を確認する。 こんな歌知ってるよ 帰りの挨拶			こんなことあったよ ・学校探検に行ったことを絵や言葉で表す。 ・絵や言葉をもとに行った場所を紹介し合う。 →みんなで仲良く帰ろう。			みんなで仲良く帰ろう ・歩き方を確認する。 こんな歌知ってるよ 帰りの挨拶			今日から給食 ・給食当番 ・給食のはてなを解決する。 ・給食室を外から探検する（におい，湯気，大きな鍋）。 →給食の準備をしよう。			なかまづくりとかず ・教科書の絵を見て気づいたことを出し合う。 ・集合づくりを楽しむ。 ♪ひとりじゃないさ		
	給食（12：00～準備）														
	掃除														
	昼休み														
5	—	—	—	—	—	—	—	—	—	国語	国語	国語	学活	学活	学活
										あいうえおうさま ・文字練習と言葉集めをする。 ・ひらがな屋のお店♪			今日から掃除 ・掃き方を知っているよ。 ・ぞうきんをしぼったことがあるよ。		
6	—	—	—	—	—	—	—	—	—	—	—	—	—	—	—
指導記録										0					
学校長より															

186

表11-3　池上小学校のスタートカリキュラムの指導理念

①これまでの子どもたちの育ちと学びを大切にする
②学級は，子どもと一緒につくっていく
③自分で考える
④疑問を共有する
⑤一人ひとりに応じた支援をする
⑥子どもたちの生活リズムや思考の流れに合った弾力的な時間割を設定する
⑦話したい聞きたい雰囲気をつくる
⑧全校で1年生の育ちを支援する
⑨個に応じた環境の工夫をする
⑩スタートカリキュラムの意義を園や保護者に伝える

　この指導理念にもとづいた池上小学校のスタートカリキュラムの事例を紹介しましょう。

Episode 5　幼稚園や保育所ではどうしていたの？

　入学式の翌日，登校してきた子どもたちは不安そうな顔つきで教室に入ってきました。担任の先生はランドセルや帽子，防災頭巾をどこに置くのかなど，「こうしなさい」「こうしちゃだめ」という指示を何も出しません。子どもたちは先生に尋ねたり，周りの子に相談したり，教室やさまざまなもののつくりや配置をじっと観察したりして，試行錯誤しながら朝の支度をしています。先生はみんなが朝来て困ったことをカードに書きだし，次々黒板に貼っていきます。朝の会が始まると先生は子どもたちに，「この教室を新しいお友達とどうやって使おうか，これからみんなで考えていこう。いままで幼稚園や保育所ではどうしていたの？」と呼びかけました。子どもたちは口々に「私の幼稚園（保育所）では，こうしていたよ」「ランドセルは後ろの棚に入れればいいんじゃない」など，これまでの経験や観察したことを生かして生き生きと発言し始めました。

写真11-11　朝の支度はどうしよう？
➡写真提供：池上小学校（神奈川県，横浜市）。

写真11-12　困ったことはどんなこと？
➡写真提供：池上小学校（神奈川県，横浜市）。

Episode 6 🎓 ひらがな屋さんのお店

　入学から1週間経ちました。国語では「ひらがな」の学習が始まっています。絵本『あいうえおうさま』（作：寺村輝夫，絵：和歌山静子）の詩から始まりました。「○いつに○こむ○ょうこをみつけ〜」と共通するひらがなが隠された詩の拡大コピーが黒板に貼られ，子どもたちは次々手をあげて「『し』です」「『た』だと思います」「『い』だよ」と自分の考えを述べます。みんなでひらがなを当てはめて音読してみると，「『し』だった！」と納得の様子。その後，ひらがなの書き順を確認したり，ノートに「し」のつく言葉を一人一人思いつく限り書きだしたりして，最後は「八百屋のお店」の替え歌で「ひらがな屋さんのお店」の手遊びを楽しみます。指名された一人が「師匠」などというと，全体が「先生のこと！」とその意味を答えます。子どもたちは幼児期に親しんだ手遊びで体を動かしたり，歌を歌ったりしながら，小学校で始まった「ひらがな」の学習を楽しく進めていました。

写真11-13　当てはまる文字がわかったよ！
➡写真提供：池上小学校（神奈川県，横浜市）。

写真11-14　ひらがな屋さんのお店で楽しく語彙を増やす
➡写真提供：池上小学校（神奈川県，横浜市）。

　池上小学校のスタートカリキュラムでは，教師のもっている正解を答えさせるような問いではなく，本気で子どもに問うこと，そして子どもたちもみんなで知恵を出し合って真剣に考えること，生活科を核にして各教科が合科的・関連的につながりあった指導をすること，さらに生活科にとどまらず，各教科の学習においても幼児期までの経験を生かしたり，合科的・関連的な指導を行ったりすることを大切にしています。また，学習環境も，入学当初は4つの机をくっつけたグループ学習がしやすく保育室のテーブルでの活動に近い学習形態を工夫したり，教室後ろの空きスペースに畳を敷いたり，ローテーブルを置いたりするなどして，絵本を読んだり友達とくつろいで遊んだりできるような工夫もしています。

　池上小学校のような，指導理念や学習環境の工夫までを含めた，優れた総合的なスタートカリキュラムの実践事例を参考にしながら，各自治体，学校は園と協力しながらより一層充実したスタートカリキュラムを作成していく必要があるのです。

Book Guide

・田澤里喜・吉永安里（編著）『あそびの中の学びが未来を開く　幼児教育から小学校教育への
接続』世界文化社，2020年。
　5歳児の主体的，協同的，そして探求的な遊びのなかで育まれた資質・能力がどのように小学
校の学びにつながるのか，また小学校教育が幼児期の学びからの連続性を意識して今どのよう
に変わりつつあるのか，幼児教育と小学校教育の双方から優れた実践を写真つきで多数紹介し，
これからの幼小接続についてわかりやすく解説しています。
・無藤隆（編著）『幼児期の終わりまでに育ってほしい10の姿』東洋館出版社，2018年。
　幼児期の終わりまでに育ってほしい10の姿で大切にしたい理念と，それを実現する実践事例に
ついて詳しく紹介しています。子どもたちの育ちと学びを多面的に捉え，幼児期の指導の在り
方について考えを深めることができるでしょう。

Exercise

1. 自分の住んでいる（あるいは近隣の）自治体の幼保小連携の方針や，各学校園での具体的な取
り組みについて調べてみましょう。グループで紹介し合い，幼保小連携の方針や取り組みには
どのような共通点や相違点があるのか，またどのような意義があるのか，話し合ってみましょ
う。
2. 以下の2枚の写真は，小学校入学後2，3日の小学校1年生の教室の様子です。教室の環境や
子どもたちの様子などから，気づいたことを話し合ってみましょう。また，保育と小学校教育
の接続においてどんなことが大切か，考えたことについても話し合ってみましょう。

▶写真提供：池上小学校（神奈川県，横浜市）。

▶写真提供：池上小学校（神奈川県，横浜市）。

第 **12** 章

保育の多様な展開

夕方，次々に保護者がお迎えに来て，多くの子どもたちが帰ってしまった
保育室で，Aちゃんが壁に貼られた花の種の写真を一人でじっと見ていま
す。Aちゃんにとって，この瞬間は，どんな時間なのでしょうか？

夕方の遅い時間に，子どもが少なくなった保育室に一人残っている
Ａちゃんの姿から何を感じるでしょうか？　「寂しそうだな」と感じ
る人もいれば，「かわいそう」と感じる人もいるかもしれません。し
かし，保育の一日のなかでは，実際に，さまざまな時間や場面が存在
し，そこで過ごす子どもたちは，その都度，多様な時間の流れや集団，
環境に出会っていくことになります。

　たとえば，写真のＡちゃんは，一人になった保育室で，ふと，日中
は気づかなかった他の友達が楽しんでいる活動の履歴が壁面に貼られ
ていることに気づき，写真を手がかりにそのおもしろさを味わってい
るところかもしれません。また，それらの情報を手がかりに，自分の
知っていることと照らし合わせて，新たな発見をしているところかも
しれません。あるいは，最近，自分たちが夢中になって取り組んでい
る活動の履歴を振り返って，味わい直している可能性もあるでしょう。
それは，もしかしたら，人が少なくなって，保育室の密度や雰囲気が
変わったからこそ生まれてきた姿かもしれません。

　このように，時間帯や集団の規模などが変わる，多様な場面が存在
することによって，子どもたちの人やモノや出来事への関わり方が変
わり，それぞれのその子なりの参加の仕方が多様に生まれてくるとい
う側面があることを考えると，それが単に「かわいそう」な時間とな
るか，それぞれの子どもにとってとても意味のある時間になるかは，
保育者の捉え方と，保育の在りようによっても変わってくるのではな
いでしょうか。保育のなかのそれぞれの時間や場面が，子どもたちに
とって，居心地よく，生き生きと自分を発揮できたり，時にはホッと
一息つけたりするような場となっていくためには，それらの場面がそ
の子にとって，どのような過ごし方ができる環境となっているかを細
やかに捉え，その在り方を常に検討していく保育者の視点と工夫が必
要となります。

　また，保育の場には，長時間保育を必要とする子ども以外にも，特
別な配慮を必要とする子ども，多様な文化的背景をもつ子どもなど，
さまざまな子どもが存在しています。それぞれの子どもたちが，生き
生きと自分らしく輝いていくために求められる保育の在り方をこの章
を通して探っていきましょう。

　私たち保育者は保育実践を通して子どもたちからたくさんの生き方を学んでいます。それは一人一人の子どもの育ちに寄り添った保育をすることで見えてくる自分のありようです。保育者になったらまず初めに子どもといることの喜びをたくさん感じられる体験をしてほしいと思います。そのためには，自分たちの実践を振り返り，子どもたちが安心して生活できる具体的な環境づくりをするとともに，子どもの理解を深めていくことが重要だと思います。

1　長時間保育

❶ 長時間保育とは

　「長時間保育」とは，一般には8時間を超える保育のことを指します。しかし，現在の制度においては，保育所・認定こども園では，保護者の就労時間にもとづいて8時間以内で利用する「短時間」と11時間以内で利用する「標準時間」の2種類に区分されて保育が行われています。そして，そのほとんどの利用が「標準時間」（11時間）となっています。さらに11時間開所に加えて地域のニーズに合わせて，30分，1時間，2時間，3時間以上と延長保育を実施している園もあります。つまり「標準時間」と区分されている保育がすでに「長時間保育」というのが現状です。

　しかしこの長時間保育を，利用する子どもたちが「かわいそう」というネガティブな発想で捉えると，ほとんどの子どもが「かわいそう」ということになりますし，もし保育者たちがそう思ってしまうと，子育てと仕事の板挟みのなかで頑張っている保護者への支援にもつながりません。確かに，大人の都合で利用しているということは事実なので，保育という専門性のなかに子どもにとっての最善の利益がどのように考えられているのかということが非常に大きな問題となります。たとえば，退屈で居心地のよくない環境では，「短時間保育」と言われる8時間でさえ，子どもにとってとても長いつらい時間となるでしょう。一方で，家庭の環境が子どもにふさわしい状況になければ，11時間を超えるとしても園にできるだけい

━▶1　2015年より実施されている子ども・子育て支援新制度では，園を利用する子どもを1号から3号まで区分しています。なお，1号とは，満3歳以上小学校就学前の学校教育のみを受ける子どものことで，原則4時間＋預かり保育となります。2号とは，満3歳以上小学校就学前の保育を必要とする子どものことで，8時間か11時間＋延長保育となります。そして3号とは，満3歳未満で保育を必要とする子どものことで，8時間か11時間＋延長保育となります。

たほうが子どもの最善の利益につながるということになるでしょう。それだけに保育所が子どもたちの安心できる生活環境やリズムをどのようにつくっていくかということが，すべての子どもたちにとってとても大切になってきます。

つまり，長時間保育を考える際に大事になってくるのは，時間の問題ではなく，保育の質をいかに保障するのかということだと思います。どんな集団なのか，子どもの安心感や表現の自由は保障されているのか，子どもの思いを受け止めてくれる人や仲間がいるのかなど，これらの環境を考えることが，長時間保育の環境づくりのポイントになります。

❷ 長時間保育を利用する子どもたちの気持ち

子どもに「おはよう」と言われ，同じ子どもに「お疲れさま」と言われるときがあります。開所時間が11時間という時点で，8時間勤務の保育者より子どもたちのほうが長く園にいるという現象が生まれています。

考えてみると，子どもたちは朝，保育所に来るときには保護者と別れ，園のなかでも大人の都合で好きな先生や友達と何度もの別れをしています。そのことを，子どもたちはあきらめ顔も見せず素直に受け入れて，その都度気持ちを切り替えて生活をしています。だからこそ，私たちはそんな子どもたちが何をどのように感じて，何を望んでいるのかを丁寧に読みとり，何でも表現できるような対等な関係を構築し，自由にのびのびと生活できる環境をつくっていかなくてはならないのです。

Work 1 🖊

保育者が交代勤務で入れ替わることに対する子どもの気持ちを想像し，そこにどんな配慮が必要なのかを考えてみてください。

❸ 長時間保育における配慮──園の全体の計画への位置づけ

保育者が交代勤務をしても，安心してその日その日を楽しく生活

できるようにするための配慮を人的環境という側面から考えていきたいと思います。

　人的環境としては，日頃から自分のクラスの子どもだけでなく，園全体の子どもたちの育ちにも興味をもち，声をかけたり，時に一緒に遊んだりしながら，交流しておくことが大切です。さらに特別に配慮が必要な子どもに対しては，園内でケア会議を開いて，その子が安心して生活できるように，みんなで保育の進め方を研究し，多様な視点をもちながらその子の表現が十分受け止められる環境をつくる必要があります。また，保育者が入れ替わるという部分では，人によって保育の進め方が極端に変わってしまうと，それだけで子どもたちのストレスは高まります。そこで，朝夕の保育の進め方については園全体で共通認識をもって保育をすることが大切になります。このとき，いつも決まった保育者が朝夕の保育を担当したり，くつろいだ雰囲気のなかで何でも表現できる環境を用意しておくことなども一つのやり方として考えられます。

　そう考えると，この人的環境には子どもたちと心が通じ合う関係になることと同時に，もう一つ「時間軸を意識した生活環境への配慮」が求められます。それは子どもたちの主体的な遊びや生活が，クラスや担任が変わることによって，分断されないようにする配慮です。たとえば，おやつを食べた後の保育に対して，いつどんなタイミングで子どもたち自身が長時間保育の環境へ気持ちを切り替えるのかというようなことを考えることや，クラスに残っていまの遊びを継続したいと考えたり，担任の先生の手伝いをしながらもう少し一緒にいたいと思った子どもに対して，どのくらい柔軟な対応ができるかということなどです。

　そのためには当然，長時間保育に対する配慮について，園全体の計画のなかに位置づけて展開する必要性があります。そのときに，子どもの最善の利益を考えた保育の内容が保育者たちの保育観によって違うということを意識し，なおかつ子どもの願いに対してアンテナをいつも張っておくことが求められています。

▶2　ケア会議

　子ども理解のための園内連携会議です。担任からその子の姿，家族の様子，共有したい問題等を報告してもらい，それについて園内でわかる範囲の情報を集め，その子への支援をみんなで検討する会議です。

Work 2

　子どもの一日の園生活の流れを子どもが主体的に活動できるようにするための，デイリープログラムの内容を考えてください。

❹ 子どもが減っていくなかでの保育

　夕方の保育は一人ずつぽつりぽつりと子どもが帰っていくため，だんだん遊びが継続できなくなり，最終的には保育者と遊ぶという状況になってしまうことが多いです。その間の遊びをよく見ると，友達を探したり遊びを変えたり，保育者に甘えたりしながら時間を過ごしたり，最初から絵を描いたり折り紙をしながら一人で遊び込む子もいます。そのため，おもちゃも一人遊びが可能なものを準備することも必要でしょう。しかし，長時間残る子どもたちにも常に創造的な活動ができるような工夫が必要です。たとえば，年齢の上の子には一緒に補食の準備をしたり，室内をきれいにしたりすることも新たな喜びを提供することになります。乳児に近い年齢の子どもたちには，逆に安心できるような保育者たちとの関係を深めていくことが大きな課題となります。

❺ おもちゃ等の環境への工夫

　気に入ったおもちゃや絵本などで遊ぶときの子どもは目がキラキラしていています。そのようなおもちゃ等が子どもの心の支えになることもあり，長い一日を安心して過ごせることにもつながります。それだけに，部屋のなかにその子の気に入ったおもちゃや絵本などがあるかどうかは重要な環境です。朝夕は散らかるのが嫌だという理由で遊ぶおもちゃを制限している園もあるようですが，長時間を園で過ごす子どもにとって何が必要かということを，保育者の都合ではなく子どもの視点から考えることが大切になります。クラスが変わるときなどにも，気に入ったおもちゃも一緒に持って行ってもいいというくらいのゆるやかな対応が必要ですし，家庭からの気に入ったおもちゃの持ち込みも時には必要だと考えてください。また，ソファーなどを用意しくつろげる環境もあると，気持ちがリラックスできるでしょう。特に，朝夕は子どもたちがリラックスして自分を表現し，遊びに集中できるような環境を意識的につくっていくことが求められるでしょう。

2　特別な配慮を要する子どもの保育

　ここでは集団のなかにうまく溶け込めない子どもへの理解と，一人一人の子どもに対してどんな配慮が求められているのかということを具体的に考えていきたいと思います。それは「気になる」ことを，子どもや家庭のせいにするのではなく，園全体でその子の理解を深め，育ちの喜びを共有するプロセスをみんなで考え生み出す保育への挑戦です。

❶ 特別な配慮ができる専門性

　特別な配慮が必要な子どもという言葉から，どんな子どもの姿を想像するでしょうか。何らかの障害を抱えている子どもに対しては，保健センターの紹介や医療機関からの診断書，療育機関とのつながりなどがあるので，保護者の受け止め方を確認しながら，子どもの情報交換に力点を置き，さらにはその先の医療機関や専門機関との連携を深めていくことがどのくらいできるのかが，その園の専門性を示していると考えられます。さらには，このような取り組みが可能な園には，集団で子どもたちの心身を健康に育てることが毎日できる療育機関の一つであるという意識をもっていると言えるでしょう。命を守り，どのような道筋で成長していくのかということを専門機関や保護者から情報をもらい，必要なところを個別にケアし，集団とのつながりや子ども同士が育ち合う関係を育てていくことこそ，園にできる特別な配慮であり，専門性でもあります。そう考えると，特別な配慮が必要な子どもについては，専門機関との連携を条件にして保育の体制を整えていくことで，子どもへの理解をみんなで深めていけばいいということになります。このとき，園に看護師や栄養士という専門職の人がいたら，そこのマンパワーも活用することを忘れないでください。

❷ 個別の配慮を必要とする子ども

　　子ども同士が育ち合う関係を育てていくことが大切だという視点に立つと，特別という言葉を使わなくても，保育者の配慮はすべての子どもたちに対して行うものだということが理解できるのではないでしょうか。そうは言っても個別に配慮が必要な子どもは確実に多くなっています。その原因についてははっきりわかりませんが，子どもの特質と育った環境や，外からの刺激の多さ，保護者と子どもとのコミュニケーション不足，子ども同士で遊ぶ機会の減少に加え，子どもたちがエネルギーを十分使って遊びこむ環境が少なくなり，大人に合わせて，落ち着いて静かに遊ぶことが求められることが多くなったことも原因の一つとして考えられます。そうしたことの影響もあり，園などの集団の場になると，友達とうまく遊べない，集団の活動に参加しないという子が以前より多く見られるようになったのだと思います。保育者など大人からすると，そのような子どもたちが，「気になる子」ということになるのかもしれません。

Episode 1　　仲良しの友達はいない

　　昼食時，外から部屋に入るとき，気持ちの切り替えができず，わざとおもちゃを投げて散らかしたり，泣き叫んだりして暴れる4歳児がいました。これがもう少し年齢が低ければよくある傾向なのですが，このような状況が卒園間際まで続きました。担任はその都度，根気強く丁寧に寄り添っていたのですが，その変化はなかなか現れませんでした。心療内科にもかかったのですが，はっきりした原因は見つかりませんでした。

　　そのなかで唯一心当たりがあったのは，友達と十分に遊びきれていなかったという事実です。つまり，ルールを守りながら友達とうまく遊ぶ力が弱く，自己中心的にならないと遊べなかったのです。「僕には友達が一人もいない」と言っていた言葉がいまでも忘れられません。「友達とうまく遊びたいけれど，うまく遊べない」そんな悩みをもっている子どもへの支援はとても難しく，ただ寄り添い気持ちを受け止めることしかできませんでした。

　　この事例では，丁寧に子どもに寄り添ってはいるものの，問題は解決できず，その状態が長期間（卒園間際まで）続くことになりました。ここで，大切なのは，子どもの気持ちに寄り添い受け止めることは大事なことですが，それにとどまらず自分たちの専門性をい

かに構築するかということです。そのことについて，次の 3 つの視点「発見」「共有」「対応」をヒントに考えてみてください。

① 「発見」

　保育者は集団のなかで多くの子どもたちを見ているので，子どもに対する「おや？」という感覚はかなり早い時期で感じることができます。しかし，その「おや？」に対しての説明が第三者にはもう一つわかりにくいということがあります。さらに，どうかするとそのわかりにくさを，「子どもが困っている」と捉えるのではなく，「どうしてみんなと一緒に集団で活動できないのだろうか」という，子どもへの責任転換が起きてしまうのです。子どもの理解がうまくできないと，子ども自身がもっている何らかの育ちにくさを「発見」することにもつながりません。そうなると保育者がもっているこのような直感力は生かすことができません。できるだけ早くその子に合った対応をしていくためにも，いかにしてその感性を研ぎ澄ませていけるかが重要だと感じます。

　私たちはこの子ども理解の能力を高めないと，「集団で子どもたちをうまく動かすことができた」といった誤った成功体験の積み重ねによって，思考の幅を狭くした保育者になってしまう危険性があるのです。そして，その子のもっている大切な特性を理解できずにネガティブに子どもを見てしまうと，保育者を困らせる子どもというような判断になり，決めつけやレッテル貼りをしてしまうことにもつながります。そうならないためには，いつも自分の実践を記録し，仲間と語り合うということが大切になってきます。

　そして，子どもの育ちが気になったら，養育の問題なのか，発達の問題なのか，保育の問題なのかといくつかの視点で考えることが求められます。日々の保育において，子どもが望ましくない行動をしたとき，自分たちの行っている保育が子どもの育ちや環境に合っていたかどうかを考えるより，子どものほうに原因があると考えがちです。そうではなく，まずは子どもが集団から外れたり落ち着きがなくなったり，奇声を発するときなどは，安心して落ち着ける環境や流れだったのかということを考え，工夫していく必要があります。

　そのうえで，さまざまな専門的な地域のリソースを有効に活用しながら，子どもの育ちを理解することによって，保育のなかでその

子に合った個別支援が可能となります。

　子どもの育ちを見る視点としては，たとえば，言葉づかい，身なり，身体能力，バランス，手先の動き，落ち着き具合，人への関わり，遊び方（集中して遊べるか），積み木を積む遊び，友達とのごっこ遊び，模倣する力，片付け（分別して片付ける能力），文字や数への興味，絵の表現力，自己主張，他者理解，ルールのある遊びなどを丁寧に見て，園独自にデータ化し記録していくといいでしょう。それが，保護者や専門機関との連携の貴重な資料にもなります。

② 「共有」

　気になる部分をその子の特質的なものと考え，より深くその子の心を理解しようとしたときに，臨床心理士のような専門的な知識をもった人たちの助言は大変役に立ちますが，まずは園内でケア会議を開催して，保育内容の検討とその子の理解を多様な視点で考えて「共有」することがポイントになります。また，周囲の環境に合わせようとする子どもは，毎日繰り返される生活のなかで，子どものほうが自らその流れに慣れていくため，保育者から見ると，だんだんその子の気になる行動が減り，最初に見せた困り感が隠れて，「育った」という間違った見方をしてしまう場合もあるので注意が必要です。そういった間違った見方に陥らないためにも，子どもの変化（良い面も良くない面も）も含め，共有することで子ども理解を深めていってください。

③ 「対応」

　個別な配慮を必要とする子どもへの「対応」に，正解はありません。だからこそ，さまざまな知識や技術を身につけることが求められます。そのような知識や技術を向上させるには，専門的な研修はもとより，自分たちの保育実践を通して他園の人たちやさまざまな職種の人たちと保育や教育，生活，社会状況など，より広い視野で子どものことを語り合い，多様な発想をもち，自分の保育に対する見識を広げていく努力が欠かせません。

　保育のなかで本当に困っているのは保育者たちではなく，当の子どもたちですから，その思いに気づけるような研修や研究会にどんどん出かけ，記録をもとに自分たちで語り合いながらスキルアップができることを目指してください。

Work 3 ✏

　配慮の必要な子どもについて，園全体で共有し，さまざまな角度から子どもを見つめる体制をつくるには，どのような方法があるでしょうか。

❸ 相手に合わせて生きる力が強い子どもへの誤解

Episode 2 　　　閉じ込めない保育

　保育室から突然飛び出した2歳児のゆうちゃんを担任が追いかけて，部屋に連れ戻そうとしたとき，大声で泣きだし，保育者を蹴ったり叩いたりして抵抗を始めました。飛び出した理由を考えてもよくわからず，理由を聞こうにもゆうちゃんはまだ言葉が出ていなかったので，はっきり確かめることはできません。しかし，毎日何度も保育室を飛び出すわけですから，部屋の環境が好きでないことは理解できました。だからと言って飛び出すことをそのまま放っておけないので，ペアを組んでいる保育者が一人，その子に合わせて一緒について行くことにしました。そして，飛び出すときには部屋から飛び出す理由を聞き，どこへ行くのかを確かめてから一緒について行き，目的を達したら帰ってくるということを繰り返しました。この状態がいつまで続くのかもわからず始めたことですが，次第に飛び出すときにはサインを出してくれるようになり，目的を果たすと一緒に部屋に帰るようになりました。このとき，いつでも出られるという安心感が支えになったのだということが何となくわかりました。

　環境に適応できない子どもたちのなかには，みんなの歌声も含めた音や光などに対してとても敏感に反応する子がいます。そのことを理解していないと，つい集団で行動することを求めてしまうというケースがかなりあります。しかし，集団にいて心地良いと感じられないとき，その子はそこから離れることで自分を守っているということがあるのです。そう考えると，部屋を飛び出す子どもや奇声をあげる子どもがいたら，まずはその子に合った環境を提供できていないのではないかと考えてみてください。行事などでみんなと一緒に取り組めない子どもがいますが，それは刺激が強すぎたり，活動のイメージがもてなかったり，自分のなかに自信がつくまでは活動したくないと考えたりする子どもなのかもしれません。ですから，特別に配慮が必要な子どもが発する情報に対しては，自分たちの保

育を見直す機会かもしれないと受け止め，より細やかな保育を考える必要があるでしょう。

　また，幼い子どもたちは，自分の思いを強く否定されると，相手に合わせるというやり方を学んでいきます。つまり，大人の言うことを聞いて自分の身を守るという生き方を選択していくのです。たとえば，新人保育者とベテラン保育者の前では子どもたちの態度が違うのも，子どもの多面性に出会う瞬間です。ベテランの保育者は，若い保育者にはクラスをまとめる力が弱いという判断をしてしまいがちですが，子どもが新人保育者や保護者の前で甘えた態度を見せる姿は，本来子どもがもっているものであって，ベテランの先生の前では厳しさを感じて自分の気持ちを抑えて，怒られないように従っているということもあるのです。ですから，保育者という仕事をしている人たちには，人一倍子どもの気持ちを理解する能力が求められるのです。専門性の高いベテラン保育者は子どもの表現をうまく引き出しながら，共に生きていく仲間として調和を図っていくことができます。

Episode 3 　「あっ！」

　給食のとき，「みんなの準備ができたら，一緒に『いただきます』をしてから食べましょう」と担任が説明していました。しかし言葉だけの指示では理解が難しかった5歳児のあきらちゃんは，自分の給食を運んでくると，すぐに食べ始めてしまいました。そのときに近くにいた保育者が思わず「あっ！」という声を出すと，あきらちゃんの手が止まり，目から大粒の涙がこぼれ落ちました。いけないことをしたことに気づいたのです。

　私たちの不用意な言葉にも，子どもたちは敏感に反応をしているということなのでしょうが，もっと丁寧に，視覚情報なども使いながら説明することの大切さを知りました。あきらちゃんごめんなさい。

❹ 保護者の気持ち

Episode 4 　「ふざけているわけではありません！」

　「きっとこの子は就学時健診ではドキドキしてうまく受けられないかもしれない」。

　そんな不安を抱えて小学校へ出かけた発達障害の子どもをもつ保護者がいました。そして学校に着くと予想どおり，スムーズに検査が受けられませんでした。そんななか，視力検査の場所で目を隠す器具

の扱いに困ったり，穴の開いている方向を示す意味もよくわからず，ニコニコしている子どもに対して，検査をしていた先生が大きな声で「ふざけないでやりなさい！」と言ったのです。

　するとその子のお母さんは「うちの子どもは発達障害児なんです！　ふざけているわけではありません！」と泣きたい気持ちを怒りに変えて伝えたそうです。

　　園ではみんなからその子の個性を理解され，日々楽しい生活を送れていたのですが，初めての場所や意味のわからない言語による指示に対しては，やはり相手が思っているような応答をすることができないのは予測していました。そのため，保護者には学校へ行くときには子どもの状況を事前に伝えるようにと助言をしていたのですが，受け入れ側の無理解は，この保護者に嫌な思いをさせてしまいました。医者という専門的な勉強をしてきた人たちであっても，配慮が必要な子どもという発想が浮かばないこともあり，「ふざけないで」というような叱責の言葉が出たのでしょう。

　　このように，園内でうまく生活できるようになったとしても，次の新しいステージでうまく適応して生活できるようになるには，大きなハードルがいくつもあります。このときに大事なのが，保護者が子どもをどのように理解しており，どのくらい受け入れているのかということです。保護者に子どもの育ちを前向きに受け止めてもらうためには，少しずつ個人面談や保育参加などを繰り返し，楽しく子育てができる支援を考える必要があります。そのためには，子どもへのレッテル貼りなど，「できる・できない」で子どもを捉える視点ではなく，どうしたらその子の良さを理解してもらえるのかということに視点を置いて関わることが大切です。卒園後も，保護者が子どもをしっかり支えながら子育てができるように，小学校だけでなく，子育て支援センターのような関係機関との関係づくりにも配慮が必要になってきます。

　　このように考えると，一人一人への配慮をしながら保育をする保育者たちの高度な専門性は，在園中だけでなく卒園後の子どもの最善の利益にもつながっていきますから，その質を向上させる努力を怠らないようにする必要があります。その意味では保育者というのは，その子や家族の生き方を左右する大切なスタートに付き合っている重要な仕事なのです。

3 多文化共生の保育

保育のなかでは，「みんな一緒」ということを意識する機会が多いので，同調意識が強いと言えるかもしれません。これから保育者を目指すみなさんには，「違うことが当たり前」という考えがもてるような学びをしていってほしいと思います。みんな一緒ではない，違いがあるということの大切さを自分の理念としてもっていないと，多文化共生の保育は理解できないでしょう。

❶ 多文化共生の意味

日本でも外国籍の子どもを見る機会がずいぶん多くなりましたが，その子どもや保護者たちは，日本の社会で暮らすことに多くの戸惑いを感じていると思います。

確かに日本は平和で物が豊かで，礼儀正しく人に対して優しいと言われるイメージが強いようですが，本当にそのとおりなのでしょうか。日本の文化が好きで来た人たちと経済的な豊かさを求めてきた人たちでは，日本人に対する思いも随分違うと思うのです。なぜなら前者の方たちは日本の文化や考え方を尊重し，それに合わせようとしてくれますが，そこまで興味がない人たちは自分たちの考えをストレートにぶつけてきます。しかし，私たちは自分と違う価値観に出会うと無意識に排除しようとします。それは外国籍の人に対しても，日本に住むのなら日本の文化に合わせてほしいと考えることとも共通しています。保育所の運営に対しても，入園してきた保護者に対して，まずは園の決まりに合わせてもらうように望むこととも共通していると思うのです。

多文化共生の保育とは，たとえ文化的な価値観の違いがあるということを前向きに考えられなくても，違うことが当たり前だという発想をもち，お互いの価値観を理解し，一緒に共生しようとする保育です。これは簡単にできることではありません。しかし，これからの社会は，少数の人たちの意見や考えを聞きながら平和で民主的な社会を目指すことが求められています。そのためにも，乳幼児期

から多文化に触れ，対話を通して，葛藤しながらもお互いを認め合う経験を積み重ねていくことが大切になってくるでしょう。

「保育所保育指針」においても，多文化理解等の重要性が次のように示されています。

第2章　保育の内容

4　保育の実施に関して留意すべき事項

(1)　保育全般に関わる配慮事項

（…中略…）

オ　子どもの国籍や文化の違いを認め，互いに尊重する心を育てるようにすること。

カ　子どもの性差や個人差にも留意しつつ，性別などによる固定的な意識を植え付けることがないようにすること。

---

❷ 多文化共生保育への具体的手立て──言葉の問題

それでは，実際に保育のなかでどんな配慮が必要なのかを具体的に考えていきたいと思います。

Episode 5　差別される不安

3年間在園した外国籍の子どもが卒園するとき，その保護者に園の運営に対しての意見を聞いてみました。さまざまな配慮に対して感謝をされたのですが，そのなかに「園では差別されたりいじめられたりしないように，生まれた国の言葉は絶対使わないように言ってきました」という話を聞きました。改めて外国籍の方々が日本で暮らすときの大変さを思い知らされたとともに，日本がもっている良さを丁寧に説明する必要性を感じた瞬間でした。

以下に示すことは，具体的な課題の問題解決のためのスキルを言っているのではありません。一人一人に違いがあることの重要性を考えながら，多様な発想で保育をすることが，子どもの最善の利益にもつながってきます。そのことを根底に考え，次に示す具体的な課題が単なる方法論ではないことを読み取りながら保育環境を考えてみてください。

先の事例にもあるように，多文化共生の保育を考えるなかで，は

じめにあがる課題は言葉の問題です。しかし，コミュニケーションはこちらから積極的に関わることでだんだん克服できると思います。ただこのときの一番の課題は，外国籍の子どもたちが自分たちの母語を抵抗なく使えるようにする雰囲気をどうつくるかということです。確かに子どもたちは言葉を覚え，新しい環境に適応する能力は非常に高いものをもっていますが，自分の国の言葉や文化に対する誇りを，何より意識して大切に考える必要があります。その気持ちの表れの一つとして，その国の国旗や文字などを掲示したり，保護者同士を紹介してつなげたり，懇談会等のおりに，その国の言葉や文化，子育ての話などを紹介してもらうなど，違う文化が交流することを積極的に楽しむという発想があって初めて具体的な手立てが考えられるのです。

　また，園の生活の流れがわかるように，その国の言葉でデイリープログラムを書いて掲示したり，カードを用意してこちらの指示やその子の思いを伝えるときなどに利用したりすることもあります。これらは視覚情報として配慮すべき事項だと思います。

　ここまでは，主に保育者側の配慮となりますが，言葉が伝わらなかったり髪の毛や目の色，ファッションなどが違っていたりしたときに，子どもたちがそのことに驚かないで，興味をもって積極的に関われるような気持ちがもてる環境をつくることも大切です。そのためにも，人はそれぞれ違うことを日頃から当たり前に考える発想を子どもたちに育てておくことが大切です。たとえば，日常的に遊ぶ人形にもさまざまな海外の人形を用意しておくこともその一つでしょう。そのような日々の積み重ねがあると，子どもたちは大人よりずっと順応力があることもあり，外国籍の子どもが入園してきても，抵抗なく「違い」を受け止め，クラスの仲間として共に生活をしていくでしょう。

Work 4 ✏️

　外国籍の方が園を利用するときの配慮にはどんなものが考えられるでしょうか。保護者への配慮と子どもへの配慮の両方について考えてみましょう。

❸ 保育のなかで多様性を意識する

　持続可能（ESD）という言葉もだんだん聞かれるようになりましたが，保育をしながらそのことに目を向ける大切さは，私たちがどんな社会を目指して保育をしていくことが大切なのかという重要性に気づくことでもあります。

　私たちが平和に暮らすためには，多文化理解や多様性への気づきが不可欠ですが，この「多様性」という考えを，保育や教育のなかで実践につなげるのは非常に難しいものがあります。それは子どもたちに対して，園生活のなかでどうしても集団で活動することを求めてしまうからです。さまざまな文化をもった人との出会いは，子どもたちの世界を広げる大きなチャンスとなりますから，まずは違うものを理解しようとする心をもっていただければと思います。私たちは自分の価値観を変え，人への対応を変えるということはそう簡単にはできません。そこに違うことが当たり前という考えで，「多様性」ということを意識しながら子どもの理解を進めると，ネガティブな捉え方が減り，より深くて広い視点で文化の違いをポジティブに考えられるようになります。同僚との情報交換や自分の保育の振り返りなどを意識的に行うことが，多文化を理解することにもつながります。

　保育は保育所保育指針にも明記されているように，一人一人に合った細やかな対応が求められていますが，この多様性という発想を頭に入れながら一人一人に合った保育をしていくことが，平和で民主的な子どもたちが育つ基盤になるはずです。

Book Guide

・馬場禮子・青木紀久代（編）『保育に生かす心理臨床』ミネルヴァ書房，2002年。
　保育の現場を熟知している臨床心理士だからこそ書ける，実際の保育に生かせる心理臨床の入門書。理解しやすい内容です。
・赤木和重ほか『どの子にもあ─楽しかった！の毎日を』ひとなる書房，2017年。
　0歳児から5歳児までの自我の育ちや，人との関わりに視点を置いた実践書です。一人一人の

育ちに合わせた保育のヒントになります。
・木附千晶・福田雅明『子どもの権利条約ハンドブック』自由国民社，2016年。
　保育の多様性について考えるとき，子どもの権利について学ぶことをおすすめします。
・全国私立保育園連盟保育国際交流運営委員会（編）『地球にやさしい保育のすすめ——ESD的
　発想が保育を変える』全国私立保育園連盟，2014年。
　ESDの概念や意義を学び，具体的なエピソードと対話することで，子どもたちにどんな未来
　を手渡せるかという保育の責任について考える機会になると思います。

Exercise

1. 保育が長時間化してきているなかで，記録や話し合いの時間をどのように確保するかについて
   考えてみてください。
2. 長時間保育をする子どもの気持ちについて話し合ってください。
3. 子どもの権利条約（児童の権利に関する条約）第12条（意見表明権），第13条（表現の自由）
   を読んで，保育のなかでこれらをどのように保障するかを考えてみてください。

第 **13** 章

保育内容の歴史的変遷と社会的背景

園庭で鬼ごっこを始めた子どもたち。みなさんは，幼稚園や保育所でどんなことをして過ごしていましたか？

「保育内容」には，幼稚園や保育所，認定こども園などにおける遊
びや生活のなかで，子どもたちが経験するすべてが含まれています。
そのため，この写真の場面のように，子どもたちが好きな仲間を誘っ
て，思い思いに始めた遊びも，子どもたちにとって育ちにつながる大
切な経験が埋め込まれた保育の内容の一つと考えられています。「鬼
ごっこ」という遊びも，子どもたちにとっては，全身を使って身体を
動かす楽しさを知る経験にもなれば，他者と関わる力の育ちや，環境
を活かして遊びを工夫する力の育ち，互いの思いを言葉で伝え合おう
とする力の育ちなど，5領域のさまざまな側面が絡み合った総合的な
育ちにつながる経験になると考えられます。現在の日本における保育
では，こうした子どもたちの主体的な遊びを通しての総合的な育ちを
重視しており，それらを支えるための環境を通した教育・保育が基本
的な理念となっていますので，そこでは，このようなさまざまな遊び
は，大切な保育内容として考えられています。しかし，昔から保育内
容とはそのように考えられていたのでしょうか？　みなさんの子ども
時代はどうだったでしょうか？　あるいは，もっと昔はどうだったの
でしょうか？　この章では，そうした「保育内容」の歴史をひも解き
ながら，「保育内容」の意義と在り方について，改めて問い直してい
くための手掛かりを探していきましょう。

　ほとんどの人は，子どもの頃を振り返るとき，幼稚園や保育所の思い出があると思います。では，何をしていたか覚えていますか。どんな一日を過ごしていましたか。保育内容とは，みなさんを含め子どもたちが幼稚園や保育所で経験する内容のことを言います。ところで，保育内容は昔から変わらず同じだったと思いますか？　それとも時代とともに変わってきていると思いますか？　変わってきているとしたら，どのような経緯で変わってきたのでしょうか。

　この章では，保育内容は，どのような社会的背景のなかで，どのように考えられ，実施されてきたのかを，みなさんと一緒に振り返ってみたいと思います。そして，保育内容の歴史を振り返ることで，現在と未来の保育内容について考えていきたいと思います。

1 幼稚園の始まりと保育内容

❶ 幼稚園の始まりと保育内容

　日本における最初の幼稚園として，1876（明治9）年に東京女子師範学校附属幼稚園（現在のお茶の水女子大学附属幼稚園）が創設されたことはすでに他の授業で習っているかもしれません。当時は日本には保育に関する規定が何もなかったので，翌年に，同附属幼稚園規則が制定されました。この規則では，保育年齢（3歳から6歳まで），保育時間割表（一つの科目は20〜30分単位）などを示したほかに，保育の内容として，保育科目と25の子目を示しました。ちなみに当時は保育の内容のことを保育科目と呼んでいました。保育科目とは，第一物品科，第二美麗科，第三知識科とに分かれており，そして25の子目と呼ばれる保育の内容のほとんどは，ドイツのフレーベル（Fröbel, F.W.A.）の恩物[1]を中心としていました。実際に当時の一日の時間割（表13-1）を見てみると，学校の授業のように保育が行われていたことがわかります。さらに，幼児は一人一人，前を向いて机に座り，一斉に同じ恩物を同じように使うことも多かったようです。

　このことからは，当時の日本では，世界的に幼児教育の第一人者

footnote
➡1　恩　物
　幼稚園の創始者フレーベルが創案した体系的な教育的遊具のことです。フレーベルは，幼児を神の認識に至らせるために，神のつくった自然の姿を簡易に象徴化した恩物（Gabe）を与えて遊ばせるのが良いとしました。自然界の法則を単純化した球，円筒，立方体その他の積木などにより系統的に組み合わせてつくられており，第1〜第20までの恩物があります。

表13-1 東京女子師範学校附属幼稚園の時間割表

第一ノ組 小児満五年以上満六年未満	月	火	水	木	金	土
三十分	室内会集	同	同	同	同	同
三十分	博物修身等ノ話	計数（一ヨリ百二至ル）	木箸細工（木箸ヲ折リテ四分ノ一以下分数ノ理ヲ知ラシメ或ハ文字及ヒ数字ヲ作ル）	唱歌	木箸細工（豆ヲ用ヒテ六面体及ヒ日用器物等ノ形体ヲ模造ス）	木片組ミ方及ヒ粘土細工
四十五分	形体置キ方（第七箱ヨリ第九箱二至ル）	形体積ミ方（第五箱）及ヒ小話	剪紙及ヒ同貼付	形体置キ方（第十一箱二至ル）	形体積ミ方（第五箱ヨリ第六箱二至ル）	環置キ方
四十五分	図画及ヒ紙片組ミ方	針画	歴史上ノ話	畳紙	織紙	縫画
一時半	同	同	同	同	同	同

但シ保育ノ余間二体操ヲ為サシム

→出所：文部省『幼稚園教育百年史』ひかりのくに，1984年，p. 58。

とされていたフレーベルの恩物を中心とした保育内容を，形式的に取り入れようとしたことがわかります。つまり，日本の最初の幼稚園では，幼児の実態から保育内容を考えたわけではなかったと言えそうです。[2] しかし，この東京女子師範学校附属幼稚園はわが国の最初の幼稚園だったため，その後，創設される幼稚園に影響を与えるものとなりました。

❷ 恩物中心の保育から子ども中心の保育へ

　1899（明治32）年，国として初めて幼稚園を対象にした基準法である「幼稚園保育及設備規程」が定められ，対象年齢（満3歳から小学校就学まで），1学級幼児数（40人以下），保育時間（1日5時間以内）といった具体的な基準と保育の目的，保育設備などが示され

→2　また，保育料も大変高価だったこともあり，当時通っていた子どもの多くは，一般家庭ではなく裕福な家庭の子どもたちでした。

⇒3　東基吉（1872-1958）

明治後期，恩物中心主義保育を批判し，伝統的な形式主義保育の核心を推進した教育者です。1900年，東京女子高等師範学校助教授兼同校附属幼稚園批評係に任命されました。

⇒4　和田実（1876-1954）

1906年から東京女子高等師範学校に勤めました。和田の考え方は，一言で言えば，遊戯を重視して，そのなかで幼児を誘導するということにありました。

⇒5　このような考え方を誘導保育論と言います。保育の場では，まず幼児のありのままの生活，すなわち自発的な活動である遊びが尊重されることが必要です。そして，その生活が充実していくためには，十分に活動できる自由な時間と活動しやすい設備，いまでいう環境が必要であり，そこに保育者の指導，充実指導が成り立つという考え方です。また，保育者は幼児が自己充実できないところを援助するものであり，幼児の断片的な活動に中心を与え系統づけるところに誘導が生まれるとしています。そして，その後に教師の意図が含む指導を「教導」と言います。ですが倉橋は，この教導を「つけ加えてやりたい」ものとし，誘導が生まれたのちに，教導があるとしています。なお，倉橋の保育論については，以下の文献が参考になります。倉橋惣三『幼稚園真諦』フレーベル館，2008年。

ました。保育内容も「遊嬉，唱歌，談話及手技」の４項目と定められました。特に，このなかの遊嬉は，随意遊嬉（幼児が自由に遊んだり運動する）と共同遊嬉（歌や曲に合わせて体を動かす）に分けられていました。また，物品科，美麗科などではなく，唱歌や談話といった幼児の生活に近いものとなりました。さらに，これまで中心的に行われていたフレーベルの恩物は，保育項目の「手技」として一つにまとめられ，いままでの恩物中心の保育内容から大きく変化が見られる内容となりました。

そのように決められたものの，全国各地ではまだ恩物中心の保育が展開される園が多く見られていました。そのような実態に対し，明治末期頃より，東基吉や和田実といった幼児教育者は，恩物中心保育を批判し，自由遊戯，いまで言う自由遊びを中心とする保育内容を模索していきました。しかし，当時の保育の現場では，彼らの自由遊戯を保育内容の中心にするという新しい考え方はなかなか受け入れられなかったと言われています。

しかし，大正期に入ると，こうした東基吉や和田実の考え方を引きつぎ，子ども中心の保育を唱えた人物が現れます。それが倉橋惣三（1882-1955）です。倉橋は，1917年に東京女子師範学校附属幼稚園の主事となってから第二次世界大戦が終わるまでの約40年間，保育界において大きな影響を与え続けてきました。たとえば，倉橋は，恩物を当時の時間割に置かれた「手技」の時間のなかだけで使うのではなく，むしろ自由遊戯の時間に恩物を好きなように使えるようにしたと言われています。このように，倉橋は子どもと実際に関わるなかで，子どもの自発性を尊重した保育内容の重要性を主張していきました。特に，倉橋が大事にしていたのが生活です。彼は「生活を生活で生活へ」といった子どもの生活を保育内容にするという，教育を子ども自身の生活から出発する考え方を示しました。倉橋の生活という考え方の前提には，子どもの生活の中心は遊びであるということがありました。彼の「幼児さながらの生活―｜自由・設備｜―自己充実―充実指導―誘導―教導」は，いまでも着目されている生活を保育内容の中心に置く保育の考え方です。

こうした保育の流れが変わるなかで，1926（大正15）年に幼稚園についての独立した勅令が出されます。それが，「幼稚園令」及び「同施行規則」です。これまで幼稚園についての規定は，小学校の勅令に含まれていましたので，幼稚園として単独で制定されたこと

は初めてのことでした。この規則が成立したことによって，わが国の教育制度における幼稚園の位置づけが確立されたと言えます。このときの保育内容の項目は，「遊戯，唱歌，観察，談話，手技等」と変わりました。この「観察」は幼稚園独自のもので，いまでいう幼児が自発的に環境に関わることを保育内容として位置づけたものと言えます。また「等」が加えられたことによって，それぞれの園が保育内容について幼児の実態に合わせて幅をもてるようになったと考えられます。さらに，保育時間を地域の事情によっては夕方まで行うなど，託児所のような機能も含まれ，少しずつそれぞれの園の幼児の実情に合わせられるようになりました。

　しかし，1930年頃から第二次世界大戦の影が見えはじめ，すべての学校教育もその影響を受けることになりました。幼稚園は特別な法令に組み込まれませんでしたが，保育内容は唱歌・談話に戦時色の強いものが取り込まれたり，しつけが重視されたりするなど，戦争の影響が大きくなりました。そして，戦時託児所へと変わる幼稚園や，1944年度にはすべての幼稚園が休園するなど，敗戦までの幼稚園は存続そのものも困難な状況でした。

2 保育所保育施設の始まりと保育内容

❶ 戦前の保育所

　日本における保育所の前身は1890（明治23）年，新潟市で赤沢鐘美夫妻によって小学校に附設された「幼稚児保護会」という託児所だと言われています。この施設では，兄弟が学校を終えるまで，別室で幼児を保護し，保育が行われていたと言われています。その理由は，当時，近代国家づくりが進められ，小学校就学が義務づけられているにもかかわらず，国民の生活は厳しいものでした。そのようななかで子守りをしなければならない学童の就学を助ける目的で創設されたものでした。

　まだ，保育料が高価な幼稚園に入れることが難しかった貧困家庭を対象とした託児所も広がっていきます。たとえば，1900年に野口

保育児の入浴指導
（明治40年頃）

写真13-1　当時の二葉幼稚園のようす

▶出所：社会福祉法人二葉保育園（編）『二葉保育園八十五年
史』社会福祉法人二葉保育園，1984年。

▶6　野口幽香（1866-
1950)

　森嶋峰と共に二葉幼稚園
を創立し，幼児教育，女子
教育に尽力しました。1890
年，東京女子師範学校を卒
業後，同校附属幼稚園の保
母となりました。

幽香らは，東京の麹町に「二葉幼稚園」を設立しました。ちなみに
この二葉幼稚園は名称が「幼稚園」という名前でしたが，貧困家庭
の子どもを対象として保育を行い，その実態は託児所に近いもので
した（その後1916年に二葉保育園に改称）。たとえば，保育内容を定め
ていた「二葉幼稚園規則」によると，保育時間は7時間から8時間
など長い保育を行い，保育内容としては，園外保育を重視し，内容
も生活や衛生（写真13-1）について中心的に行っていました。また，
保護者支援（保護者自身が見通しをもって自立した生活ができるように
するなど）にも力を入れていました。

　さらに，日本の工業の発展とともに，工場内にも託児施設が設置
されるようになりました。

❷ 託児所の広がりと社会の変化

　大正期に入ると，国全体が貧困問題を考えるようになります。そ
のきっかけは，1918年の米騒動でした。この出来事により，大阪市
を中心に公立の託児所がつくられ，その後，京都，東京，神戸と
いった大都市を中心に公立託児所が広まりました。

　ちなみに，1921年の「東京市託児保育規定」によると，受託児童
は生後6か月から小学就学前まで，受託時間は早朝6時から午後6
時まででした。当時の保育内容としては幼稚園教育課程に準じるも
のでした。さらに東京は，関東大震災（1923年）の影響もあり「振
興5か年計画」を立てて公立託児所を増やしていくなど，大正末期
頃には，保護者を助けるための託児所は，全国に300施設を超える
ものとなりました。

戦後における保育内容の展開

❶「保育要領」に見る保育内容

　終戦後，かなりの園舎が焼けてしまっている状態での再出発となりました。しかし，子どもたちは疎開先から戻り，父親も戦争から帰ってくるなど，元の生活が戻ることを目指し，生活の見通しがもてるようになるとともに子どもの数は急激に増えていきます。復興のため，子どもを安全に預かってもらえるということと同時に，日本の未来への希望を託すかたちで，保育の必要性は高まりました。そこで，保育者たちは，焼け残った学校や公民館の一部を借りて仮園舎をつくったり，公園を園舎として保育をするなど，さまざまな工夫を施したそうです。

　そして，1947（昭和22）年，「教育基本法」「学校教育法」が制定され，この「学校教育法」によって幼稚園は学校の位置づけが明確にされました。また，同年に小学校等における教育内容の基準「学習指導要領」が刊行されたことをきっかけに，1948年「保育要領」が幼稚園，保育所，そして家庭にも役立つ手引書として刊行されました。この保育要領は，戦後の復興期にいち早くできたものである点，日本の幼児すべて（幼稚園，保育所，家庭などどこで育つかにかかわらずすべての幼児）の保育内容を示すものである点において画期的なものだったと言えるでしょう。この保育要領における保育の内容は，「1見学／2リズム／3休息／4自由遊び／5音楽／6お話／7絵画／8製作／9自然観察／10ごっこ遊び・劇遊び・人形芝居／11健康保育／12年中行事」という12の項目からなる「楽しい幼児の経験」という項目のなかにまとめられることになりました。このように，保育項目，すなわち，保育の内容は幼児の自発的活動を重視していると言えます。また，幼児の一日の生活についても「幼稚園における幼児の生活は自由な遊びを主とするから，一日を特定の作業や活動の時間に細かく分けて，日課を決めることは望ましくない」と，幼児の生活の大半は自由遊びであることをはっきりと示し，

➡7　文部省『幼稚園教育百年史』ひかりのくに，1984年。

いままでの保育内容を変える内容となりました。こうした「保育要領」の刊行により，幼児に合わせた指導方法が現場で考えられるようになっていったのです。

❷ 託児所から保育所へ

1947年，「学校教育法」と同じ年に「児童福祉法」も制定され，従来の託児所はこのときから「保育所」に変わり，児童福祉施設として位置づけられました。翌年には，「児童福祉施設最低基準（現：児童福祉施設の設備及び運営に関する基準)」が定められ，保育所の設備，保育時間，職員，保育内容等について基準が明確化され，児童福祉法第39条に「保育所は，日々保護者の委託を受けて，保育に欠けるその乳児または幼児を保育することを目的とする」と定められました。[8]

そして1950年には「保育所運営要領」，1952年には「保育指針」[9]を刊行するなど，保育所の意義や役割など保育所の具体的な位置づけは明らかになっていきました。「保育指針」における保育の内容については，保健指導，生活指導，家庭環境の整備とに分け，さらに「乳児の保育」「幼児の保育」「学童の指導」「家庭の指導」とに分けて内容を示しています。たとえば，「乳児の保育」については，睡眠，授乳，排せつ・おむつ，整容，清拭，入浴，日光浴，空気欲，乾布摩擦，乳児体操，お遊び玩具の11項目があげられます。そして，「幼児の保育」では，健康状態の観察，個別検査，自由遊び，休息，午睡，感触，昼食を項目としてあげ，特に自由遊びを重視しました。

したがって，保育所の保育内容は当時の「保育要領」の影響を大きく受けた自由遊びを中心とした内容でありながらも，生活や衛生といった保育所ならではの特性をあわせもつ内容だったということがわかります。

▶8　「保育に欠ける」という記述は，2012年の児童福祉法の改正により「保育を必要とする」に修正されています。

▶9　1965年に刊行された「保育所保育指針」とは別物です。幼稚園児以外の，家庭・保育所・養護施設における子どもを対象とし，当時の「保育要領」に影響を受け，保育内容は「音楽・リズム・絵画・製作・自然観察・社会観察・集団遊び」でした。

4 「幼稚園教育要領」「保育所保育指針」の刊行
──「6領域」の時代

❶「幼稚園教育要領」の刊行

　1948年に刊行された「保育要領」は，あくまでも基準であり法的拘束力はありませんでした。そこで，学校の一つとして位置づけられていた幼稚園についても，1956年に小学校学習指導要領が改訂されることをきっかけに，教育課程の基準を示す「幼稚園教育要領」が制定されることになりました。この幼稚園教育要領には，①保育内容について小学校の教育内容と一貫性をもたせる，②幼稚園教育の目標を具体化し，指導計画の作成に役立つものとする，③幼稚園教育における指導上の留意点を明らかにする，といった3つの目的がありました。そして，保育内容は，「健康」「社会」「自然」「言語」「絵画製作」「音楽リズム」の6つの領域に分け，この領域についての説明は「指導計画を立案するための便宜的なものであること，幼児の具体的な生活経験はほとんどいくつかの領域にまたがり交錯して現れること，小学校以上の教科とは性格が異なること」と述べられました。しかし，領域ごとに目標として「望ましい経験」である具体的な内容を示し，さらには指導計画の作成と運営について詳しく述べていたために，実際の保育現場では，領域を教科と同様のものと捉えて保育してしまうところが多く見られました。

　文部省（当時）は，幼稚園現場で小学校の教科として誤解されないよう，1959年から領域ごとの「指導書」を順次刊行し，具体的な指導計画例を示しました。一方，現場では領域別を強調した指導計画や作成が見られました（表13-2）。また，当時現場で参考とされていた雑誌を見ると（表13-3），週のねらいに運動会をあげ，教師は毎日その単元に関係した保育内容を展開していたことがわかります。これは当時，単元活動と呼び，一定期間継続される一つのまとまりの活動として，多くの園で行われていました。

表13-2　当時の幼稚園教育の内容と実際の指導案

第二章　幼稚園教育の内容と実際（Ⅰ）

4歳児　週案　5月第2週　10日～15日						
単　元	戸外で元気に遊ぶ。					
設定理由	幼稚園にもなれ不安が取れて，友だちまたはひとりで遊べるようになってきた。行動の幅もひろがってきているので，広々とした戸外で元気に遊ばせ，友だちとの遊びの楽しさを味あわせて健康増進をはかりたい。					
目　標	いろいろな戸外の遊具を使って遊ぶ。					

	月曜日	火曜日	水曜日	木曜日	金曜日	土曜日
子どもの活動	○戸外で幼児体操をする年長児の体操をみてまねる。 ○レコードに合わせて行進する。	○つめ、ハンカチ、ハナガミなどの検査をうける。 ○園庭の遊具の使い方を話し合う。 ○園庭の遊具を使って遊ぶ。(たいこばし、ぼう、ジャングルジム)	○しゃがみ鬼のやり方を話し合う。 ○しゃがみ鬼をする。遊んだあとの休息。	○年長児のインデアンごっこに仲間入りして遊ぶ。 ○インデアンのかんむりをつくる。	○たからひろい競争をする。(ヨーイドンでひろってかえってくる、応援をする)	○レコードに合わせて自由な表現遊びをする。
指導上の留意点	○みんなでいっしょに行動しなくてはいけないことを知らせ、年長児の行動を見せながら、むりせずに教えていくように仕向ける。 ○レコードに合わせ、列をつくって歩けるように指導する。	○遊具の使い方のきまりを話し合い、たしかめ合いきまりを守って遊ばないと、危険なことを知らせる。 ○友だちのめいわくにならないよう、ゆずり合って仲よく遊ぶように指導する。	○鬼ごっこのルールを話し合い、しゃがみ鬼のルールを全員にわからせるように話す。 ○しゃがんだひとはつかまえない。鬼の知らない間に逃げる（しゃがんでばかりいない。鬼はしるしをつけておくなど）簡単なルールを正しく守って遊ぶように指導する。（途中でやめたりしない）	○年長児の指導でインデアンのカンムリをつくってみる。（羽カンムリのつくり方を教わる） ○年長児のじゃまや、めいわくをかけないで遊ぶように指導する。	○競走のきまりをはっきり知らせ、それを守って遊べるように指導する。(ヨーイドンで駆け出すこと、たからをひろうって、もとにもどって来ることなど、ひとつひとつ時間をかけてたしかめて行なう)	○動物の行進曲に合わせて、動物の自由表現を考えさせ、リズムに乗って楽しめるように助言する。 ○自分の考えが、身体表現出来るように、ちょっとのちがいも友だちに知らせて、はげますようにする。
ねらい	○経験したことのないことも、友だちのを見ながらやってみる。 ○みんなといっしょに行動出来る。	○いままでに経験したことのない遊具で遊ぶ。	○ルールをきちんと守って遊ぶ。 ○遊びの途中で抜け出さない。	○年長児との交流がスムーズに出来るよう年長児のいうことを守って遊ぶ。	○みんなでルールのある競走を楽しんで出来る。	○曲を聞いて自分で感じた通りに身体表現が出来る。
領域	健, 社, 音	健, 社, 自	言, 社, 健, 音	絵, 社, 言, 健	社, 健, 言	音, 健, 言

➡出所：辰巳敏夫（編）『幼稚園事典』千葉出版，1966年，p. 117。

表13-3 当時において教師が参考にしていた雑誌例

3才児　第2週の指導計画 （9日～14日）

今週のねらい	楽しかった運動会にする
主な経験・活動例	○運動会に参加する ○みんな元気で競技をする ○運動会の絵をかく ○運動会ごっこをする

項目	9日（月）	10日（火）	11日（水）	12日（木）	13日（金）	14日（土）
幼児の活動	○運動会の総練習をする ○当日の話を聞く　何時にどこへ集まるか、父母の席、父母にあうときどうするか、ゲームはいつごろするかといったことまで聞く	○運動会に楽しんで参加する ○おうちの人たちといっしょに競技を楽しんで見る	○きのうの運動会の楽しかったことを話し合う ○みんなで元気に歌をうたう（二学期に覚えた歌の中で好きな曲を選ぶ）	○運動会の絵をかく　みんなで一枚の絵にする ○戸外に出て、元気に遊ぶ ○運動会ごっこをする	○リズム遊びをする　行進曲に合わせて、自由に楽器を使わせる ○絵本を見る（秋の野山、秋の自然に関したもの）	○園庭にて、運動会にした競技を楽しむ　玉入れ、綱引き
指導上の留意点	○あすの運動会を楽しくするために総練習をする　終わったあと、よかった点、悪かった点について話し合い、あすは、もっとがんばってしようという気持ちをもたせるようにする	○おうちの人やお客さんなど、おおぜいの人の前でも元気にできるように話し、どの子どももみんな、のびのびと楽しませることができるように、ひとりひとりの子どもを注意し、終わったあとに、集団で行なう楽しさを知らせるように話す	○自分たちの経験を通して、楽しかったことは何か話し合わせる。どんな小さなことでもよいので、どの子もみんな話せるように、保育者は注意していく	○グループごとに大きな紙を与え、ひとりひとりが楽しかたことを絵にかきあらわすようにさせる。かきながら、いろいろ話していくので友だちとの交流を通して、さらに深みのある絵になることと思う ○運動会の競技を再び行ない、楽しさをさらに感じさせたい	○運動会当日、年長組が行なった行進の楽奏に興味を示すようになるので、それぞれに好きな楽器を持たせて、自由に演奏させてみるなかで、どうしたら、きれいな音が出るか、くふうさせてみる ○リズムごっこが終わったら、休息をとらせるために、静かに絵本を見せる	○運動会が終わったとはいえ、いろいろな競技の道具は、しばらくの間、出し入れの簡単な場所に置いておいて、いつまでも自由に使えるようにしておくと、運動会をいつでも再現できるのでよい
準備	○運動会に必要な道具	○レコード 運動会に必要な道具	○笛	○大きな紙 ○クレヨン	○タイコ、タンバリン、スズ、カスタネット、トライアングル ○各自一冊ずつの絵本	○笛、玉入れの道具、綱

→出所：『幼児と保育』10月号，小学館，1967年。

220

❷「幼稚園教育要領」の改訂

　1964年，こうした領域別指導を見直すために「幼稚園教育要領」を改訂しました。この改訂では，まず「望ましい経験や活動」は，生活経験に即した各領域にまたがる総合的なものとしました。誤解のもとになっていた領域については「幼稚園修了までに幼児に指導することが望ましいねらいを示したものである」とねらいの束をまとめたものが領域であることを示し，さらにそのねらいは「相互に密接な連関があり，幼児の具体的，総合的な経験や活動を通して達成さるものであること」と示しました。いままでは，幼稚園教育の目標から領域を考えていたのに対し，この改訂から，幼児の活動を分析し，そこから精選されたねらいの束が領域であるという考えをとったのです。また，「教育課程」という言葉が初めて使われるようになり，教育課程の基準性を明らかにしました。教育課程の編成については「各領域に示す事項を組織し，幼稚園における望ましい経験は活動を選択し配列して，適切な指導をする」と明示し，指導計画作成の留意点を示しました。

　しかし，領域名が変わらず同じ名前であったこと，さらに領域ごとの指導書と教育課程の留意点を具体的に示したこともあり，現場では「望ましい活動」を選択し配列するといった，領域を教科として捉えてしまう傾向はまだまだ残った状態でした。

　さらに，こうした国の規定とは別に，1964年から幼稚園教育振興計画が制定され，幼稚園の数は急激に増加し，幼児教育の専門家でない人たちも幼稚園教育に介入し，幼稚園教育の考え方にさまざまなやり方が展開されるようになりました。たとえば，1960年頃から欧米諸国に影響を受け，ピアジェの認知主義保育[10]やモンテッソーリ保育[11]などを導入し，特色ある保育内容をうたい文句にする園や，早期教育として文字や数を指導する園が見られるようになりました。また，体力づくりを促進するためのはだし保育や乾布摩擦といった独特な保育内容を取り入れる園など，多様な園が増えていきました。

❸「保育所保育指針」の刊行

　1963年の「幼稚園と保育所の関係について」という文部省・厚生

[10]　認知主義保育
　1960年代の半ばから，1970年代にかけて幼児教育のさまざまな実験プロジェクトがアメリカで実施されました。そのなかで，ブルーナー（Bruner, J.S.），ハント（Hunt, J. M.），ピアジェ（Piaget, J.）らの発達理論の影響のもとに行われたプロジェクトを「認知主義の保育」と呼ぶことができます。この保育は幼児の認知発達に最大の関心を寄せており，1960年以前の保育の主流が，幼児の社会性，情緒性を重視したのとは著しい対照をなしています（岡田正章・森上史朗（編）『保育基本用語辞典』第一法規出版，1980年）。

[11]　モンテッソーリ保育
　イタリアの女流教育家，モンテッソーリ（Montessori, M.）が始めた保育の理論と方法です。モンテッソーリ保育の特徴は，すべての子どもには，自ら成長・発達する生命力が生まれつき備わっているとし，教育は子どもが自ら発達し認知形成するのを助ける作用という考え方を表しました（同上書）。

221

表13-4 「保育所保育指針」保育内容の区分

年 齢 区 分	領　　　　　域
1歳3カ月未満	生　活・遊　び
1歳3カ月から2歳まで	
2歳	健康・社会・遊び
3歳	健康・社会・言語・遊び
4歳	健康・社会・言語・自然・音楽・造形
5歳	
6歳	

出所：森上史朗「保育所における内容・方法の規定と実態」森上史朗
（編）『幼児教育への招待——いま子どもと保育が面白い』ミネル
ヴァ書房，1998年，p. 89。

省（当事）の共同通知において，「3　保育所のもつ機能のうち，教育に関するものは，幼稚園教育要領に準ずることが望ましいこと。このことは，保育所に収容する幼児のうち幼稚園該当年齢の幼児のみを対象とすること」とされたことで，幼稚園と保育所の共通性が示され，また1964年の「幼稚園教育要領」改訂を受け，保育所でも独自の保育内容・方法の規定が必要となりました。そこで1965年に，保育所独自の内容と幼稚園との共通の内容が含まれた「保育所保育指針」が刊行されます。しかし，実際は「幼稚園教育要領」が法的拘束力をもっているのに対して，「保育所保育指針」は保育所の保育内容を充実するための参考資料としてのものでした。

　この指針の「総則」において，「養護と教育とが一体となって，豊かな人間性をもった子どもを育成するところに，保育所における保育の基本的な性格がある」と示し，保育所の機能は養護と教育が一体となった営みであるということを明確に表しました。保育内容については，年齢を7段階に区切り，「発達上のおもな特徴」「保育のねらい」「望ましいおもな活動」「指導上の留意事項」を示しました。たとえば，「望ましいおもな活動」として，2歳までの乳児は生命の保持に直接関係ある活動として「生活」と「遊び」に分け，2歳児は「健康」「社会」「遊び」，そして3歳児では「言語」を増やし，4歳児以上は，6領域と幼稚園教育要領とほぼ一致するものとなっています（表13-4）。

　1970年代になると第二次ベビーブームや高度経済成長政策により都市化の進展が起こりました。また，核家族化も進行していく状態に合わせて，延長保育，夜間保育を行う施設も見られるなど，多様なシステムが保育所で進められるようになっていきました。

5 子どもを中心にした保育内容へ──「5領域」の始まり

❶ 1989年・1998年の「幼稚園教育要領」改訂

　1980年代になると少子化傾向が始まったため，一部の園では，園児を獲得するために英語や習字，水泳や鼓笛隊など，その園の目玉となるような保育が行われるようになりました。また，文字や数の計算など小学校の学習を先取りするような保育も行われ，子どもにふさわしいとは言えない活動（保育内容）がより一層多くなっていきました。

　こうした子どもの実態に合っていない保育の状況を変えるため，1989（平成元）年に「幼稚園教育要領」が改訂されました。この改訂で，幼稚園教育は「環境を通した教育」であることを基本とし，重視する事項として，①幼児期にふさわしい生活の展開，②遊びを通しての総合的指導，③一人一人の発達の特性に応じた指導，の3点をあげました。すなわち，教師は幼児の興味・関心にもとづいた環境を構成し，その環境に幼児自らが関わることで活動が生まれるといった，子どもから出発する保育の考え方に転換したのです。また，保育内容を「健康」「人間関係」「環境」「言葉」「表現」の5領域にし，それぞれに「ねらい」及び「内容」を示しました。「ねらい」については「幼稚園修了までに育つことが期待されている心情，意欲，態度など」とし，内容を「ねらいを達成するために指導する事項」として示しました。すなわち，いままで教科として捉えてしまいがちだった領域は，幼児の発達を捉えるための視点として位置づけ，到達度ではなく方向性を示すものとなったのです。内容もねらいを達成するために指導する事項としていますが，保育者から見れば指導すべき内容であり，幼児から見れば身につける経験としました。教育課程の編成についても，指導計画の作成上の留意事項に「幼児の発達に即して一人一人の幼児が幼児期にふさわしい生活を展開し必要な体験を得られるようにするために，具体的に作成すること」「具体的なねらい及び内容を明確に設定し，適切な環境を構

成すること」をあげました。したがって，幼児の実態に合わせた教育課程の編成を強調したのです。

このように，1989年の「幼稚園教育要領」改訂により，幼児の主体的な活動である遊びが，幼児期の保育内容として重要視される活動として位置づけられました。しかし，その一方で，子どもが自発的に遊ぶことを尊重するという理由で放任保育になってしまう園や，環境を壁面構成やコーナー保育だと捉えてしまう園が見られるなど混乱も見られました。

そして1998年に，学習指導要領の改訂と合わせて，「幼稚園教育要領」も改訂されました。このときの特徴としては，保育内容としては，人間関係能力や規範意識，道徳性の芽生えを養うなどの保育内容を新たに加えるなど，生きるための基本的姿勢を改善点としてあげました。また，預かり保育の必要性や子育て支援の役割といった，いわゆる地域に開かれた幼稚園として，その役割はさらに大きくなっていきました。また，小学校との連携の強化を高めるなど幼稚園運営の弾力化が進められていくようになりました。

❷ 1990・1999年の「保育所保育指針」改訂

1989年の「幼稚園教育要領」改訂により，「保育所保育指針」も1990年に改訂されました。この改訂では，総則で「養護と教育の一体性」といった養護面や乳児保育の内容を示したことにより，保育所保育の特性を明らかにしました。ただ，環境による教育，遊びを通しての総合的な指導，ねらいや内容，指導計画については幼稚園教育と共通するところが多くあります。保育内容は，6か月未満児から6歳児までの8段階に発達区分をし，年齢ごとに「発達の主な特徴」「ねらい」「内容」「配慮事項」が示されました。ただ，3歳児未満の内容については，3歳児未満は未分化であるために領域別にはせず，3歳以上から教育要領に準じるものとしました。ねらいについて「子どもが保育所において安定した生活と充実した活動ができるようにするために，『保母[12]が行わなければならない事項』及び子どもの自発的，主体的な活動を保母が援助することにより『子どもが身につけることが望まれる心情，意欲，態度などを示した事項』である」としました。内容は「これらのねらいを達成するために，子どもの状況に応じて保母が適切に行うべき基礎的な事項及び

➡12　児童福祉法の改正により1999年から児童福祉施設において児童の保育に従事する者の名称が「保母」から「保育士」と改められました。

保母が援助する事項を子どもの発達の側面から示したものである」
と示しました。幼稚園の教育課程にあたる全体計画を「保育計画」
とし，その具体的な計画を「指導計画」としました。そして，地域
の実態や子どもの心身の発達，保育時間に応じた計画づくりを留意
事項とし，3歳児未満については，個別的な計画の必要性を示しま
した。このように，1990年改訂の「保育所保育指針」は「養護」の
側面を強調し，年齢ごとの保育内容を詳細に表したのです。

　これより10年後の1999年にも「保育所保育指針」は改訂されまし
た。保育内容としては各年齢区分が「発達過程区分」と変更され，
子どもの発達の特質に応じた「保育士の姿勢と関わりの視点」とい
う項目が新たに加わりました。また，地域の子育て支援の拠点とし
て保育所を位置づけ，1994年に日本が批准した児童の権利に関する
条約をふまえた子どもの人権の尊重と配慮が強調されました。

6　社会的変化に応じた改訂（定）

❶ 2008年の「幼稚園教育要領」改訂

　学力低下など子どもを取り巻く教育の問題などを受け，制定から
59年を経て2006年に教育基本法が改正されました。その翌年には学
校教育法も改正され，第22条で「幼稚園は，義務教育及びその後の
教育の基礎を培う」とされました。したがって，幼児期は小学校以
上の学習の基礎となる豊かな体験を積み重ねておくことの重要性が
示されたと言えます。そして，2008年には「幼稚園教育要領」も改
訂され，改訂のポイントとして「発達や学びの連続性を踏まえた幼
稚園教育の充実」「幼稚園での生活と家庭などでの生活の連続を踏
まえた幼稚園教育の充実」「子育ての支援と預かり保育の充実」の
3つが述べられました。[13] 保育内容については，現代の子どもたちに
必要な，楽しく食べることや身体を自ら動かすこと，互いに伝え合
うことなどの豊かな経験ができる保育内容が目指されることになり，
生涯の発達の基礎段階にある幼児期の重要性が示されました。

[13]　文部科学省中央教育
審議会「幼稚園教育の現状
と課題，改善の方向性（検
討素案）」2006年。

❷ 2008年の「保育所保育指針」改定

　子どもや子育て家庭を取り巻く社会の変化に応じて，2008年に「保育所保育指針」が改定されました。この改定により，「保育所保育指針」は告示化され法的拘束力が明確になり，保育の内容や構成が見直されました。たとえば，保育の内容は，養護と教育が一体になって展開されることが前提にありながらも，保育士が「ねらい」及び「内容」を具体的に把握するために「養護に関わるねらい及び内容」と「教育に関わるねらい及び内容」に分けて示されることになりました。たとえば，「養護に関わるねらい及び内容」には「生命の保持」と「情緒の安定」に関わるねらいと内容が，「教育に関わるねらい及び内容」では5領域に関わるねらいと内容が示されました。ほかにも，地域の子育てを支援する役割や，子ども一人一人の生活経験をふまえた指導計画の作成と評価の視点をもつことなどが具体的に示されるなど，保育所保育施設の特性が明確に示されることになりました。

❸「幼保連携型認定こども園教育・保育要領」の刊行

　幼稚園，保育所の保育の質の向上が進められる一方で，就学前教育を一つにまとめるべきであるという声があがり，2006年に「認定こども園制度」が始まりました。このとき，認定こども園数の目標として2,000件という数字が示されましたが，5年後の2011年には762件にとどまっていました。その後，2012年に「子ども・子育て関連3法」が成立し，それ以降の3年間で，約2倍近くに増加しました。そして，2015年から「子ども・子育て支援新制度」が開始されることとなりました。新制度では，質の高い教育保育を総合的に提供し，地域の実情に合わせた子ども・子育て支援を推進することを目標に掲げ，この目的に対応するために「学校および児童福祉施設として法的位置づけをもつ施設」として「幼保連携型認定こども園」が創設されました。新制度実施に向けて，2014年には，内閣府・文部科学省・厚生労働省による「幼保連携型認定子ども園教育・保育要領」が告示されました。

7 現在の保育内容
——「幼稚園教育要領」等の同時改訂（定）

　2016年度の中央教育審議会答申で幼稚園，小学校，中学校，高等学校が共通で「よりよい学校教育を通じてよりよい社会を創る」という目標が掲げられました[14]。この答申を受けて，2017年に「学習指導要領」が改訂（高等学校については2018年改訂）されたとともに，「幼稚園教育要領」「保育所保育指針」「幼保連携型認定こども園教育・保育要領」が同時に改訂（定）されました。今改訂（定）は，いままでの5領域や「環境を通して行う教育」といった保育の基本的な考え方は引き継ぎながらも，3歳以上の幼児に関する保育内容は，「幼稚園教育要領」「保育所保育指針」「幼保連携型認定こども園教育・保育要領」すべてで共通化されています。そして，今回の改訂（定）で大きく変わるところは，すべての「総則」に，幼児期に「育みたい資質・能力」として3つの柱と「幼児期の終わりにまで育ってほしい姿」という10の項目があげられているところです。特に，「幼児期の終わりにまで育ってほしい姿」は，幼児教育で育てたい資質・能力を幼児の具体的な姿から示したものです。

　また，3歳未満の乳児に関する保育内容でも，「保育所保育指針」「幼保連携型認定こども園教育・保育要領」で共通化されました。具体的に，満1歳から3歳未満については，5領域それぞれにねらいと内容が示されることになったのです。また，乳児保育については，ねらい及び内容に，身体的発達に関する視点として「健やかに伸び伸びと育つ」，社会的発達に関する視点として「身近な人と気持ちが通じ合う」，精神的発達に関する視点「身近なものと関わり感性が育つ」といった3つの視点が示されました。今回，乳児保育の内容が大きく変わった背景には，近年，3歳までの「非認知能力」の影響が一生を左右するといった研究結果や，3歳未満の乳児の個人差や発達上の課題を考慮するといった理由があげられています。

　先に述べたように，今回の改訂（定）では，これまで以上に3つの施設が共有することができる保育内容が示されました。これにより，幼稚園と保育所，そして認定こども園の一体化がますます進んでいくことでしょう。

Book Guide

- ・森上史朗（編）『幼児教育への招待——いま子どもと保育が面白い』ミネルヴァ書房，1998年。
  一冊に，幼児教育の基本，歴史，制度，内容のすべてがコンパクトにまとめられています。なかでも，第2章の「保育のさまざまな分野を楽しむ」では，保育内容の歴史についていろいろな角度から記されています。
- ・文部省『幼稚園教育百年史』ひかりのくに，1984年。
  幼児教育の歴史の資料が細かいところまで残されています。当時の社会的背景がどのようなものだったか，この一冊を読むことで理解することができます。
- ・柴崎正行（編）『保育内容の基礎と演習』わかば社，2015年。
  この本は，二度読むことができます。一度目は保育内容の歴史として知ることができ，二度目は面白い読み物として楽しめます。写真や図表も多く，見やすい内容となっています。

Exercise

1. 自分の幼児期を振り返って，自分が通っていた幼稚園や保育所ではどんな保育内容だったか考えてみましょう。その後，グループのみんなと話し合って，同じところや違うところを互いに見つけてみましょう。
2. 明治期から現代までの保育内容の変遷をたどってみて，現在の保育内容と同じところと違うところを探してみましょう。

《執筆者紹介》（執筆順，担当章）

渡邉英則（わたなべ・ひでのり）はじめに，第2章，第5章
　　　　編著者紹介参照。

大豆生田啓友（おおまめうだ・ひろとも）第1章
　　　　編著者紹介参照。

髙嶋景子（たかしま・けいこ）第3章
　　　現　在　聖心女子大学教授。
　　　主　著　『子どもを「人間としてみる」ということ』（共著）ミネルヴァ書房，2013年。
　　　　　　　『子ども理解と援助（新しい保育講座）』（共編著）ミネルヴァ書房，2019年。

瀬川千津子（せがわ・ちずこ）第4章
　　　現　在　田園調布学園大学助教。
　　　主　著　『幼稚園・保育所運営トラブル解決事例集』（共著）第一法規，2002年。
　　　　　　　『子どもからはじまる保育の世界』（共著）北樹出版，2018年。

宮里暁美（みやさと・あけみ）第6章
　　　現　在　お茶の水女子大学教授，文京区立お茶の水女子大学こども園元園長。
　　　主　著　『思いをつなぐ保育の環境構成』（編著）中央法規出版，2020年。
　　　　　　　『耳をすまして　目をこらす』（単著）赤ちゃんとママ社，2020年。

田澤里喜（たざわ・さとき）第7章
　　　現　在　玉川大学教授，東一の江幼稚園園長。
　　　主　著　『表現の指導法』（編著）玉川大学出版部，2014年。
　　　　　　　『あそびの中で子どもは育つ』（編著）世界文化社，2018年。

本江理子（ほんごう・りこ）第8章
　　　現　在　富山国際大学准教授。
　　　主　著　『実習日誌の書き方』（共著）一藝社，2012年。
　　　　　　　『保育内容言葉（第3版）』（共著）建帛社，2018年。

浅見佳子（あさみ・よしこ）第9章
　　　現　在　相模女子大学准教授。
　　　主　著　『子どもからはじまる保育の世界』（共著）北樹出版，2018年。
　　　　　　　『保育・教育実習』（共著）ミネルヴァ書房，2022年。

中村章啓（なかむら・あきひろ）第10章
　　　現　在　野中こども園副園長。
　　　主　著　『保育におけるドキュメンテーションの活用』（共著）ななみ書房，2016年。
　　　　　　　『育てたい子どもの姿とこれからの保育』（共著）ぎょうせい，2018年。

吉永安里（よしなが・あさと）第11章
　現　在　國學院大學准教授。
　主　著　『あそびの中の学びが未来を開く　幼児教育から小学校教育への接続』（共編著）世
　　　　　界文化社，2020年。
　　　　　『保育内容「表現」（アクティベート保育学)』（共著）ミネルヴァ書房，2020年。

島本一男（しまもと・かずお）第12章
　現　在　諏訪保育園園長。
　主　著　『園長パパの豊かな食育』（単著）芽ばえ社，2013年。
　　　　　『集団っていいな』（共編著）ミネルヴァ書房，2020年。

鳥居希安（とりい・のあ）第13章
　現　在　東京家政大学助教。

《編著者紹介》

渡邉英則（わたなべ・ひでのり）
　　現　　在　ゆうゆうのもり幼保園園長，港北幼稚園園長。
　　主　　著　『子どもを「人間としてみる」ということ』（共著）ミネルヴァ書房，2013年。
　　　　　　　『保育原理（新しい保育講座）』（共編著）ミネルヴァ書房，2018年。

大豆生田啓友（おおまめうだ・ひろとも）
　　現　　在　玉川大学教授。
　　主　　著　『あそびから学びが生まれる動的環境デザイン』（編著）学研教育みらい，2018年。
　　　　　　　『日本が誇る！　ていねいな保育』（共著）小学館，2019年。

新しい保育講座④
保育内容総論

2020年 4 月30日　初版第 1 刷発行　　　　　　　　　　〈検印省略〉
2023年 2 月20日　初版第 4 刷発行
　　　　　　　　　　　　　　　　　　　　　　　　　定価はカバーに
　　　　　　　　　　　　　　　　　　　　　　　　　表示しています

　　　　　　　　　　　編 著 者　　渡　邉　英　則
　　　　　　　　　　　　　　　　　大豆生田　啓　友
　　　　　　　　　　　発 行 者　　杉　田　啓　三
　　　　　　　　　　　印 刷 者　　藤　森　英　夫

発行所　株式会社　ミネルヴァ書房
　　　　607-8494　京都市山科区日ノ岡堤谷町 1
　　　　　　　　　電話代表　（075）581－5191
　　　　　　　　　振替口座　01020－0－8076

Ⓒ 渡邉・大豆生田ほか，2020　　　　　　亜細亜印刷

ISBN978-4-623-08534-7
Printed in Japan

新しい保育講座

B5判／美装カバー

① 保育原理
渡邉英則・髙嶋景子・大豆生田啓友・三谷大紀 編著
本体2200円

② 保育者論
汐見稔幸・大豆生田啓友 編著
本体2200円

③ 子ども理解と援助
髙嶋景子・砂上史子 編著
本体2200円

④ 保育内容総論
渡邉英則・大豆生田啓友 編著
本体2200円

⑤ 保育・教育課程論
戸田雅美・渡邉英則・天野珠路 編著

⑥ 保育方法・指導法
大豆生田啓友・渡邉英則 編著
本体2200円

⑦ 保育内容「健康」
河邉貴子・鈴木康弘・渡邉英則 編著
本体2200円

⑧ 保育内容「人間関係」
渡邉英則・小林紀子・髙嶋景子 編著

⑨ 保育内容「環境」
久保健太・髙嶋景子・宮里暁美 編著
本体2200円

⑩ 保育内容「言葉」
戸田雅美・秋田喜代美・岩田恵子 編著

⑪ 保育内容「表現」
小林紀子・砂上史子・刑部育子 編著
本体2200円

⑫ 保育・教育実習
大豆生田啓友・三谷大紀・松山洋平 編著
本体2200円

⑬ 乳児保育
岩田恵子・須永美紀・大豆生田啓友 編著

⑭ 障害児保育
若月芳浩・宇田川久美子 編著
本体2200円

アクティベート保育学

A5判／美装カバー

① 保育原理
汐見稔幸・無藤 隆・大豆生田啓友 編著
本体2000円

② 保育者論
大豆生田啓友・秋田喜代美・汐見稔幸 編著
本体2000円

③ 子ども理解と援助
大豆生田啓友・久保山茂樹・渡邉英則 編著

④ 保育・教育課程論
神長美津子・戸田雅美・三谷大紀 編著

⑤ 保育方法・指導法
北野幸子・那須信樹・大豆生田啓友 編著

⑥ 保育内容総論
大豆生田啓友・北野幸子・砂上史子 編著

⑦ 保育内容「健康」
河邉貴子・中村和彦・三谷大紀 編著

⑧ 保育内容「人間関係」
大豆生田啓友・岩田恵子・久保健太 編著
本体2000円

⑨ 保育内容「環境」
秋田喜代美・佐々木正人・大豆生田啓友 編著

⑩ 保育内容「言葉」
汐見稔幸・松井智子・三谷大紀 編著

⑪ 保育内容「表現」
岡本拡子・花原幹夫・汐見稔幸 編著
本体2000円

⑫ 保育・教育実習
矢藤誠慈郎・髙嶋景子・久保健太 編著
本体2000円

⑬ 乳児保育
遠藤利彦・髙嶋景子・汐見稔幸 編著

⑭ 障害児保育
榊原洋一・市川奈緒子・渡邉英則 編著
本体2000円

ミネルヴァ書房

https://www.minervashobo.co.jp/